중학생을 위한
즐겁게 독서
포트폴리오
쓰고 **멋지게**
성적올리기

중학생을 위한
즐겁게 독서포트폴리오 쓰고
멋지게 성적올리기

1판 1쇄 인쇄 2012년 1월 15일
1판 1쇄 발행 2012년 1월 20일

집필 권혜진, 김도한 공저
기획 이봉순
편집 디박스
디자인 디박스
발행인 이연화
발행처 아주큰선물

주소 서울시 용산구 이촌동 한가람 Ⓐ 214-1002
대표전화 02-796-7411
대표팩스 02-796-7412
등록번호 106-09-23890

※ 이 교재를 무단 복사, 복제할 경우 법의 처벌을 받게 됩니다.

중학생을 위한 즐겁게 독서 포트폴리오 쓰고 멋지게 성적올리기

권혜진, 김도한 공저

아주큰선물

머리말

　중학생이 되어서야 독서능력의 부족함을 깨닫고 선생님을 찾아온 남학생이 있었어요. 훤칠한 외모에 야무져 보이는 인상을 가진 아이였지요. 그 친구는 초등학교 때까지 공부를 참 잘했대요. 공부를 잘 하는 아이로 소문이 날 정도로 말이지요. 하지만 현재의 성적은 그렇지 못하다며 속상해했어요. 나름 철저하게 계획을 세우고 성실하게 공부를 했는데도 성적이 자꾸 떨어진다며 눈물을 글썽였지요. 그 친구에게 도대체 무엇이 문제였을까요?

　간략한 테스트만으로도 원인을 진단할 수 있었어요. 남학생은 독해력이 무척 낮게 나왔어요. 아주 쉬운 지문도 내용 파악이 잘 안 될 정도였지요. 어휘력과 배경지식이 무척 부족한데다 문장을 띄엄띄엄 읽는 독서습관도 문제였어요. 사고력도 무척 낮았고요. 학업성적에 영향을 주는 독서능력이 부족하니 밑빠진 독에 물 붓듯이 아무리 열심히 공부해도 성적이 오르지 않았던 것이지요. 실제로 중학생이 되어서야 비로소 독서능력과 성적이 비례한다는 사실을 체감해 고생을 하는 친구들이 적지 않아요. 그러므로 예비중학생들은 '선행학습'으로 중학공부를 대비하기 이전에 독서능력을 점검하고 부족한 독서능력을 채우는 것을 우선시해야 해요.

　아시다시피, 독서의 중요성은 날로 높아지고 있어요. 하지만 독서에 시간을 할애할 시간은 점점 부족해지고 있는 것이 현실이에요. 좋은 학교에 진학하기 위해서는 성적 관리가 우선시되니까요. 그러다 보니 당장 눈앞에 보이는 성적관리에만 급급해 '독서'는 뒷전으로 밀리는 경우가 많아요. 앞으로 서술·논술형 시험의 비중이 더욱 높아지고 상위권 학교 진학을 위해서는 독서능력을 키워야 한다는 사실을 잘 알면서도 말이지요.

　선생님은 현장에서 이와 같은 안타까운 사례들을 많이 접하며 고민이 많아졌어요. 한정된 시간동안 최대 효율을 낼 수 있는 독서활동은 없을까? 상위권 성적을 위한 특별한 독서방법은 없을까? 독서활동으로 진학대비(특목,대입)까지 준비할 수 없을까? 등등의 고민 말이예요. 이 책은 이러한 고민이 고스란히 녹아있는 도서예요. 즐겁게 독서포트폴리오 쓰고 멋지게 성적 올리기 책은 독서포트폴리오 쓰기를 통해 이러한 해법을 제시하고 있어요. 이 책에 제시된 책읽기 방법과 독서포트폴리오 작성법을 잘 실천하면 성적 향상뿐 아니라 독서이력관리(입시대비) 그리고 나의 미래까지 설계해 볼 수 있답니다.

　마지막으로, 중학생 후배들이 독서포트폴리오 쓰는 방법에 대해 쉽게 접근할 수 있도록 훌륭한 예문을 제공해 준 사랑하는 나의 제자 안나(봉은중), 승범이(봉은중), 수지(봉은중), 마지막으로 대청중학교 조세영 학생에게 감사의 인사를 전하고 싶어요.

권혜진, 김도한 공저

1부 예비중학생을 위한 독서전략

1장 예비중학생을 위한 책읽기 전략
: 읽기 :

① 중학독서, 왜 중요해요? : **13**
② 중학생이 언제 책을 읽어요? : **16**
③ 어떤 책을 읽으면 좋을까요? : **18**
④ 효율적으로 책 읽는 방법은 없나요? : **21**
⑤ 책읽기가 즐거워지는 비법이 있어요? : **23**

2장 독서포트폴리오 만들기
: 쓰기 :

① 독서포트폴리오 왜 써야 돼요? : **27**
② 독서포트폴리오 어떻게 써요? : **29**
③ 독서포트폴리오 어떻게 관리해요? : **32**
④ 독서포트폴리오 쓰기로 학습효과까지 누릴 수는 없나요? : **34**

2부 독서포트폴리오로 공부하기

1장 중학성적의 기본기
: 독서포트폴리오로 기초학습능력 키우기 :

중학 필독서 독서포트폴리오 쓰기로 어휘, 이해, 논리, 감성, 배경지식 키우기

① 낯선 단어와 친해지기 : 어휘장 만들기 | **왜 세계의 절반은 굶주리는가?** : **41**
② 단어를 자유자재로 : 짧은 글짓기 | **우리 곁에서 만나는 동서양 신화** : **43**
③ 나의 생각을 펼쳐보자 : 적절한 근거 들어 주장하기 | **남녀평등이란 무엇일까?** : **46**
④ 논리적 사고가 탄탄 : 논술문 쓰기 | **나는 선생님이 좋아요** : **48**
⑤ 역사적 안목으로 봐요 : 작품 속 시대상황 살펴보기 | **삼대** : **51**
⑥ 누가 쓴 작품이지? : 작가의 삶 알아보기 | **이육사 시 선집** : **54**
⑦ 아! 그렇구나! : 새롭게 알게 된 사실 정리하기 | **쉽고 재미있는 과학의 역사** : **56**
⑧ 피고에게 판결을 내리노라! : 판결문 쓰기 | **내 목은 매우 짧으니 조심해서 자르게** : **59**
⑨ 나의 거울이 되어다오 : 교훈찾기 | **살아있는 한 다시 올 수 있다** : **61**
⑩ 한 번 맞춰볼래? : 독서 퀴즈 만들기 | **청소년을 위한 서양 철학사** : **64**
⑪ 배운대로 실천하자 : 내생활에 적용하기 | **녹색시민 구보씨의 하루** : **68**
⑫ 왜 이렇게 썼을까? : 작가의 의도 찾기 | **양반전** : **71**
⑬ 생각을 나눠보자 : 토론 거리 찾기 | **죄와 벌** : **73**
⑭ 한 눈에 쏙! : 연표로 정리하기 | **거꾸로 읽는 세계사** : **75**
⑮ 책 한 권 총정리 : 서평쓰기 | **대통령이 죽었다.** : **77**

상위권 성적 대비
: 독서포트폴리오로 국어내신 공부하기 :

국어 교과연계 독서포트폴리오 쓰기로 수행평가, 서술, 논술평가, 국어지필고사 대비하기

① 기초 중의 기초! : 내용 요약하기 | **꼴찌들이 떴다** : **81**
② 왜 이런 제목일까? : 제목이 가진 의미 생각해 보기 | **뫼비우스의 띠** : **83**
③ 돋보기로 들여다 보기 : 등장인물 성격 분석하기 | **토끼전** : **85**
④ 그때 왜 그런 행동을 했습니까? : 등장인물 가상 인터뷰 | **소음공해** : **87**
⑤ 재미있는 VS 놀이 : 갈등으로 내용 분석하기 | **육촌형** : **90**
⑥ 모두모두 행복하게 살았습니다. 그리고… : 뒷부분 상상하기 | **학** : **92**
⑦ 그때 그 사람은 무슨 생각을? : 시점 바꾸기 | **어린왕자** : **94**
⑧ 지금 감정 오래 오래 남겨보자 : 느낀 점 시로 써보기 | **마당을 나온 암탉** : **96**
⑨ 나도 잘 나가는 영화 작가! : 시나리오로 바꿔보기 | **소나기** : **98**
⑩ 요거 좀 아쉬운데? : 마음에 안 드는 부분 바꿔 쓰기 | **몽실 언니** : **100**
⑪ 왜 아버지를 아버지라 못 불렀을까? : 시대 배경으로 작품 보기 | **홍길동전** : **102**
⑫ 안녕하세요? 전 독자입니다 : 작가나 등장인물에게 편지 쓰기 | **상록수** : **104**
⑬ 와! 나랑 똑같네! : 내 경험 써보기 | **자전거 도둑** : **106**
⑭ 아, 너무 부끄럽다 : 깨달은 점 중심으로 쓰기 | **당나귀는 당나귀답게** : **108**
⑮ 나도 주인공 할래 : 책 읽고 내 인생의 목표 세우기 | **노인과 바다** : **110**

상위권 학교 진학 준비
: 논·구술 대비 독서포트폴리오 :

주제별 접근 독서포트폴리오 쓰기로 논술·구술 필수 기출 주제 대비하기

① 나 찾기 놀이 : 정체성에 대해 고민하기 | **꽃들에게 희망을** : **113**
② 나를 발전시키는 원동력 : 나의 목표 생각하기 | **스무살을 부탁해** : **115**
③ 두 눈을 크게 뜨고 : 주변 환경에 관심갖기 | **열다섯 살 하영이의 스웨덴 학교 이야기** : **117**
④ 논·구술의 기본기 다지기 : 교과관련 책읽기 | **벙어리 삼룡이** : **119**
⑤ 건강한 시민이 될래요 : 올바른 문화의식 갖기 | **트루먼 스쿨 악플 사건** : **121**
⑥ 더 좋은 세상을 위하여 : 법과 사회질서에 관심갖기 | **대한민국 10대를 인터뷰하다** : **123**
⑦ 나한테도 있고 너한테도 있는 것 : 인권문제 생각하기 | **우리들의 행복한 시간** : **125**
⑧ 세상에 이런 일이 : 문제의식 갖기 | **내가 살던 용산** : **127**
⑨ 모두 함께 해요 : 환경문제에 관심갖기 | **고릴라는 핸드폰을 미워해** : **129**
⑩ 우리는 하나 : 지구촌 문제에 관심 갖기 | **왜 세계의 절반은 굶주리는가?** : **133**

1 | 중학선배의 독서포트폴리오 실제 예시
2 | 교과연계 추천도서 목록

예비중학생을 위한 독서 전략

1부

예비중학생을 위한
책읽기 전략

분명 초등학교 때는 상위권 성적을 유지했는데, 중학생이 되면 가을에 낙엽이 떨어지듯 우수수 성적이 떨어지는 학생들이 있어요. 성적표를 받자마자 울상이 되는 학생들을 지켜볼 때면 선생님은 무척 가슴이 아파요. 중학생이 된다고 나름 선행학습도 했을 텐데 대체 무엇이 문제일까요? 사실 초등학교와 중학교 교과학습에는 그다지 큰 차이가 없답니다. 초등학생 때 배운 교과내용을 중학생이 되어 심화하는 것이죠. 조금 차이가 있다면 초등학생 때에 비해 깊은 사고능력을 요구한다는 점이에요. 그렇기 때문에 단순 암기식 학습습관에 익숙해진 학생들은 절대 좋은 성적을 유지할 수 없어요. 입시전문가들이 입을 모아 말하는 내용이 있어요. 그것은 바로 **'선행의 시대는 지나갔다. 사고와 심화능력에 초점을 맞춰라!'** 예요. 사고와 심화능력을 향상시키는 가장 좋은 방법은 바로, 책읽기예요!

중학독서, 왜 중요해요?
: 독서는 내신과 입시성적에 직접적인 영향을 미쳐요 :

예비중학생 친구들에게 독서는 먼 나라 이야기처럼 들릴 거예요. 당장 급한 공부시간을 확보하기도 바쁘기 때문이지요. 하지만 중학 독서를 결코 가볍게 보아서는 안돼요. 공부의 최종목표 '좋은 성적 얻기' '우수한 학교 입학하기'가 모두 독서와 깊은 연관이 있거든요. 중학독서가 왜 중요한지 알아볼까요?

 내신공부를 위한 독서의 목적

 학교공부가 재미있어져요.

학교 교과서는 많은 내용을 압축해 만들었어요. 그렇기 때문에 교과서 내용만 보면 딱딱하게 느껴질 뿐 아니라 깊이 있게 이해하기도 어렵지요. 이때 교과관련 독서로 학습에 대한 흥미도와 밀착력을 높일 수 있어요. 책을 통해 미리 알게 된 사실들을 교과내용으로 다시 한 번 접하면 내용을 이해하기가 쉬워 수업시간이 즐거워져요.

 안정적인 중학성적을 기대할 수 있어요.

독서능력은 기초체력이에요. 기초체력이 약한 친구들은 아무리 열심히 공부해도 노력한 만큼의 결과를 얻을 수 없어요. 평소 꾸준한 독서를 통해 기초체력(어휘력, 배경지식, 독해력, 사고력)을 탄탄히 갖춘 친구들은 조금만 공부해도 우수한 성적을 거둘 수 있답니다. 독서능력과 성적이 비례한다는 사실은 이미 수많은 연구결과를 통해 입증된 바 있어요.

개정된 교과과정은 점점 더 체계적인 독서능력을 필요로 해요.

　창의력과 사고력을 기반으로 한 독서가 점점 더 중요해지고 있어요. 새로운 교육제도는 통합적이고 창의적인 사고를 중시하고 있거든요. 이건 세계적인 흐름이에요. 이를 반영해 교과교육 개정 내용은 체계적 독서의 필요성을 강조하는 방향으로 진행되고 있답니다. 이제 독서능력이 부족한 친구들은 수업 내용조차 따라가기 어려워져요.

 수행·서술·논술형 평가 대비로 최상위권 진입이 가능해요.

　최상위권 성적을 유지하고 싶다면 수행·서술·논술형 문제에서 절대 점수를 잃어선 안돼요. 수행과 서술·논술형 문제가 내신성적에 높은 비중을 차지하거든요. 특히 창의적인 인재를 양성할 목적으로 서술·논술형 문제의 비중을 점차 높이고 있는 추세예요. 서술·논술형 문제는 중학교 내신 성적에서 점수를 많이 깎아먹는 영역이니 독서를 통해 철저하게 대비해야 해요.

 우수한 입시결과를 위한 독서의 목적

 자기주도능력을 키울 수 있어요.

　위대한 업적을 이룬 위인들의 공통점은 바로 '자기주도능력' 이래요. '자기주도능력' 은 나를 이 세상의 주인으로 만들어 주고 자신의 삶을 현명하게 개척해 나갈 수 있도록 도와주는 원동력이 되어요. 자기주도능력은 입시에서도 무척 중요한 요소로 작용해요. 그래서 입시에서 '자기주도 학습전형' 이 있을 정도지요. 나라에서 자기주도능력이 뛰어난 사람이 우수한 인재란 사실을 깨달았거든요. 독서를 통해 나를 돌아보는 습관은 자기주도 능력을 키우는 지름길이에요.

점점 확대되고 있는 입학사정관제, 독서력이 중요해요.

　　교과부가 추진하는 입학사정관제에서는 무엇보다 독서력이 중요해요. 입학사정관제는 결과보다는 '과정'을 중시하는 평가방식이에요. 독서를 통해 사고력을 단련시키고 리더십, 바른 가치관, 인성 등을 쌓아야 입학사정관제에 대비할 수 있어요. 독서를 통해 꾸준히 준비한 친구만이 입학사정관제의 합격요소인 구술면접과 자기소개서, 학습계획서 쓰기 능력 등을 발휘할 수 있어요.

 구술면접의 확대, 더욱 진화된 독서능력을 요구해요.

　　'논술 폐지 대학 늘고 있다.'라는 말을 들어본 적이 있을 거예요. 실제로 정시에서는 논술고사를 폐지한 학교가 늘어나고 있지만 대부분의 학교들이 수시전형으로 선발하는 학생의 수를 늘리고 있고 수시에서는 논술의 비중이 무척 큽니다. 그리고 각 대학은 깊은 사고능력을 갖춘 학생을 선별하기 위해 진화된 독서능력을 요구하는 구술면접을 실시하고 있어요. 좋은 글을 많이 읽고 폭넓은 생각을 하는 습관이 논술과 구술에서 좋은 성적을 얻는 유일한 방법이랍니다.

 특목, 상위권 대학입시에 대비할 수 있어요.

　　나라에서 우수한 인재를 양성하고 선발하는 방법으로 '독서'에 무게를 두었어요. 그래서 최근에는 독서인증시스템을 운영해 학생들의 독서이력을 입학사정관들이 열람할 수 있는 시스템까지 구축할 정도였죠. 물론 학생들의 독서이력을 다른 사람들이 열람하는 것이 학생들의 자유로운 독서활동을 침해한다는 이유로 여러 독서단체의 반발을 샀고, 사실상 폐지되었지만요. 하지만 여전히 특목, 상위권 대학에서는 독서이력과 독서력을 중요한 평가기준으로 삼고 있어요.

중학생이 언제 책을 읽어요?
: 습관을 조금만 바꾸어도 독서시간을 충분히 낼 수 있어요 :

바쁜데 대체 언제 독서를 하냐고요? 물론, 현실적으로 쉽지 않을 거예요. 하지만 학년이 올라갈수록 더욱 독서시간을 내기가 어려워져요. 어쩌면 '언제 책을 읽지?' 라고 고민하는 지금이 책을 읽을 수 있는 가장 좋은 시기일지도 몰라요. 조금만 습관을 바꾸어도 독서시간을 충분히 낼 수 있어요.

시간을 정해놓고 읽어요.

나만의 독서시간을 정해 봐요. 예를 들어 나만의 독서시간이 오후 10시부터 10시 30분까지라면 무슨 일이 있어도 그 시간만큼은 모든 것을 내려놓고 독서에 열중하는 거예요. 가족과 함께하면 훨씬 더 오랫동안 실천할 수 있어요. 만약 시간을 30분 이상 넉넉하게 계획할 수 있다면 호흡이 긴 문학관련 도서를 읽는 것이 좋아요.

나만의 '독서데이' 를 정해요.

나만의 독서데이를 정해 봐요. 매월 10일이나 매월 20일 또는 매주 일요일 또는 매월 공휴일을 나만의 '독서데이' 로 정해도 좋아요. '나의 독서데이' 에는 평소 읽고 싶었던 책을 읽는다든지 짜투리 시간을 이용해 읽기 어려운 명작이나 고전 등을 선정해 긴 호흡을 유지하며 책을 읽어 보아요. '한 권의 책을 제대로 읽겠다는 목표' 를 갖거나 '흥미 관심 분야의 책을 섭렵하겠다' 는 등 독서량과 관련한 목표보다는 독서의 컨셉이나 방향과 관련한 목표를 세우는 것이 좋아요.

이동시간을 활용해요.

　등교시간 또는 학원 이동시간을 활용해요. 의외로 많은 독서시간을 확보할 수 있어요. 긴 호흡을 요하는 글보다 가볍게 읽을 수 있는 글을 선택하는 것이 좋아요. 신문기사, 사설, 비문학 영역 등 호흡이 짧은 글을 읽어요. 꼭 종이책이 아니어도 괜찮아요. 디지털 기기를 보유하고 있다면 오디오 북이나 스마트폰 전자책도 활용해 보도록 해요.

 잠자기 전 10분 독서를 해요.

　이 순간만큼은 공부스트레스에서 벗어나는 시간으로 활용해요. 해가 진 후의 시간은 감수성이 풍부해지는 시간이므로 감성적인 도서를 선택하거나 머리를 가볍게 해줄 수 있는 책을 선택하는 게 좋아요. 그러면 마음을 정화시키고 심신을 안정시키는 데 도움이 돼요. 이때 결코 10분을 넘겨서는 안돼요. 그럼 오랫동안 실천하기 어렵거든요. 딱 정해진 시간만큼만 독서하도록 해요.

 방학기간 동안 '벼락치기 독서기간'을 가져 보아요.

　방학은 꽤 많은 독서시간을 확보할 수 있는 절호의 기회예요. 찬스! 방학이 되기 전 평소 읽고 싶었던 도서목록 또는 중학 필독서 목록을 준비해 계획적인 독서가 이루어질 수 있도록 노력해요. 방학기간 동안에는 무조건 많이 읽기 미션을 세워 봐요. 예를 들어 하루에 한 권! 또는 방학기간 동안 50권 돌파! 이렇게 나름의 목표를 설정해 도전해 보아요.

어떤 책을 읽으면 좋을까요?
: 독서 목적에 맞는 추천도서를 참고해 보아요 :

본격적인 중학독서, 시작하고 싶은데 어떤 책을 읽어야 할지 잘 모르겠다고요? 혹시 독서를 통해 무엇을 향상시키고 싶은지 생각해 보았나요? 목적을 갖고 독서를 하면 나한테 꼭 맞는 나만의 도서 목록을 작성할 수 있답니다. 독서 목적에 맞는 추천도서 목록을 참고하여 나에게 필요한 능력을 키워 보아요.

 교과관련 도서 목록 – 학교성적을 쑤욱 끌어올려 줘요.

도서를 통해 이미 접해본 교과내용이라면 다소 어려운 수준의 내용이라 할지라도 자신 있게 학습내용에 접근할 수 있어요. 교과관련 독서는 딱딱한 형식의 교과서를 읽는 것보다 훨씬 쉽고 재미도 있지요. 교과관련 도서를 읽는 것만으로도 교과서 내용을 쉽게 이해하고 오랫동안 기억에 남기 때문에 학교성적을 쑤욱 끌어올릴 수 있어요.

> **국어 교과관련 도서**
>
> 아홉살 인생(최수복)/ 우리들의 일그러진 영웅(이문열)/ 홍길동전(허균)/ 자전거 도둑(박완서)/ 상록수(심훈)/ 소나기(황순원)/ 동백꽃(김유정)/ 먹어서 죽는다.(법정스님)/ 엄마야 누나야(김소월)/ 엄마걱정, 별(기형도)

> **사회 교과관련 도서**
>
> 신의 나라 인간 나라(이원복)/ 살아있는 한국사 교과서(이덕일)/ 이야기가 있는 세계지도(오기노 요이치)/ 미디어로 여는 세상(강정훈 외)/ 우리 궁궐 이야기(홍순민)/ 뉴턴에서 조지 오웰까지(윌리엄L.랭어)/ 자전거 여행(김훈)/ 한국지형산책(이우평)/ 나의 문화유산 답사기(유홍준)/ 비단길에서 만난 세계사(정은주 외)

필독서 목록 – 중학생이라면 한 번쯤 꼭 읽어 보아요.

    책을 선정할 때 가장 좋은 방법은 자신의 독서수준을 고려하는 거예요. 또 내가 좋아하는 분야를 중심으로 읽는 것이 독서에 대한 흥미를 잃지 않는 좋은 방법이지요. 하지만 좋아하는 음식과 먹을 수 있는 음식만 먹다 보면 영양불균형이 생길 수 있는 것처럼 독서 또한 영양가가 풍부한 독서도 병행해야 해요. 중학생을 위한 필독서는 영양이 풍부한 음식과 같아요. 중학생에게 꼭 필요한 능력들을 꼭꼭 채워줄 수 있으니 반드시 참고해 보아요.

> 난쟁이가 쏘아 올린 작은 공(조세희)/ 나는 선생님이 좋아요(하이타니 겐지로)/ 괭이부리말 아이들(김중미)/ 운수 좋은 날(현진건)/ 사람은 무엇으로 사는가(톨스토이)/ 호밀밭의 파수꾼(제롬 데이비드 샐린저)/ 연어(안도현)/ 마지막 수업(알퐁스 도데)/ 올리버 트위스트(찰스 디킨스)/ 개를 훔치는 완벽한 방법(바바라 오코너)/ 창가의 토토(구로야나기 테츠코)

 꿈을 위한 준비과정 도서 목록 – 꿈에 대해 진지한 고민을 할 수 있어요.

    관심분야의 독서를 하다 보면 자연스럽게 내가 원하는 것이 무엇인지, 꿈을 이루기 위해 필요한 능력들은 무엇이 있는지 등을 진지하게 고민할 수 있어요. 나의 가슴을 뛰게 하는 분야를 찾고, 꿈을 이루는 과정을 일찍이 탐색한다면 다른 이보다 훨씬 쉽고 빠르게 꿈을 이루는 데 성공할 수 있어요.

> 갈매기의 꿈(리처드 바크)/ 마당을 나온 암탉(황선미)/ 갈매기에게 나는 법을 가르쳐 준 고양이(루이스 세뿔베다)/ 꿈꾸는 다락방(이지성)/ 청소년을 위한 마시멜로 이야기(호아킴 데 포사다)/ 내 치즈는 누가 옮겼을까(스펜서 존스)/ 꽃들에게 희망을(트리나 폴러스)/ 청소년을 위한 시크릿(박은몽)/ 청소년용 직업카드(노동부, 한국고용정보원)/ 만화로 보는 직업의 세계(와이즈 멘토)

나의 멘토가 되어 주는 도서 목록 - 책이 좋은 친구가 되어 줘요.

　좋은 친구를 사귀는 것은 무척 중요해요. 친구가 나의 생각에 영향을 미칠 수 있거든요. 책은 누구보다 좋은 나의 친구가 될 수 있어요. 어려움이 있을 때마다 버텨낼 수 있는 힘을 주고 나에게 바른 가치관을 심어 주지요. 나의 멘토가 되어주는 도서를 읽는 것만으로도 나를 바르고 아름다운 삶으로 이끌어 줄 거예요.

> 청소년을 위한 워렌버핏(서정명)/ 바보처럼 공부하고 천재처럼 꿈꿔라(신웅진)/ 오바마 이야기(헤더 레어 와그너)/ 오프라 윈프리 이야기(주디 L. 해즈데이)/ 스티브 잡스 이야기(짐코리건)/ 여학생이면 꼭 배워야 할 힐러리 파워(데니스 에이브람스)/ 14살, 그때 꿈이 나를 움직였다.(최정화)/ 14살 인생멘토(김보일)/ 가난하다고 꿈조차 가난할 수는 없다.(김현근)/ 하루라도 공부만 할 수 있다면(박철범)

 마음의 약이 되어 주는 도서

　중학생이 되면 어김없이 찾아오는 친구가 있어요. '질풍노도의 시기'라고도 하죠. 바로 사춘기인데요. 괜스레 짜증이 나서 부모님께 화를 내기도 하고 좋아하는 사람이 생겨서 가슴이 두근거리기도 해요. 내 맘이 내 마음대로 움직이지 않아 나를 힘들게 하는 시기예요. 이때 마음의 약이 되어 주는 도서는 사춘기를 현명하게 보낼 수 있는 지혜를 줄 뿐 아니라 쉽게 상처받을 수 있는 나의 마음까지 단단하게 해줄 거예요.

> 돼지가 한 마리도 죽지 않던 날(로버트 뉴턴 펙)/ 수호천사 이야기(이범, 홍은경)/ 네가 있어 행복해 네가 있어 고마워(제니퍼 홀랜드)/ 위저드 베이커리(구병모)/ 열네 살이 어때서?(노경실)/ 개밥바라기별(황석영)/ 어디선가 나를 찾는 전화벨이 울리고 있어요(신경숙)/ 아가미(구병모)/ 완득이(김려령)/ 유진과 유진(이금이)

④ 효율적으로 책 읽는 방법은 없나요?
: 도서 분야별로 효율적 독서방법을 활용해요 :

무작정 책을 읽는다고 독서능력이 향상되는 것은 아니에요. 학업시간을 확보하는 것만으로도 힘겨운 중학생들에게 가장 좋은 독서방법은 한정된 시간 동안 최대의 독서효과를 누리는 것이에요. 도서 분야나 종류 또는 목적에 맞는 책읽기 방법을 활용해 효율적 독서가 이루어지도록 노력해 보아요.

 문학책 정독하기 - 가슴으로 읽기

문학도서를 제대로 감상하기 위해서는 줄거리만을 쫓는 독서습관을 버려야 해요. 작가가 곳곳에 숨겨놓은 책속에 담긴 상징, 책의 주제를 파악하며 읽는 것이 필요해요. 작가가 심혈을 기울여 쓴 맛깔스런 문장(묘사, 비유, 아름다운 문장)들을 감상하는 것도 중요하지요. 그리고 한 호흡으로 끝까지 책을 다 읽어야 정확한 메시지를 파악할 수 있어요. 한 글자 한 글자 꼼꼼하게 가슴으로 맛을 느끼며 읽어요.

 역사책 통독하기 - 시대적 흐름을 파악하며 읽어요.

방대한 역사도서를 처음부터 끝까지 꼼꼼하게 읽으려고 한다면 몇 페이지만 읽다 지치고 말 거예요. 역사도서는 인과관계(원인과 결과)를 파악하거나 전체적인 시대흐름을 이해하는 것이 중요해요. 우선 처음에는 제목을 중심으로 여러 번 통독해요. 그리고 그 과정을 통해 역사에 대한 친숙함이 느껴진 이후에 관심 있는 인물과 시대를 중심으로 발췌독을 해요. 마지막으로 꼼꼼하게 정독을 해서 배경지식을 꼭꼭 채워요.

과학, 예술, 철학책 발췌독하기 - 지식을 습득하며 읽어요.

책의 전체적인 구성이 각 챕터 사이에 큰 연결성이 없는 과학, 예술, 철학분야의 도서의 경우에는 흥미가 당기는 부분부터 읽는 것이 좋아요. 그래야 흥미를 잃지 않고 독서를 지속할 수 있거든요. 이러한 책들은 전문적 지식을 얻는 데 목적을 두고 읽어요. 따라서 책을 통해 얻은 지식이 머릿속에 완벽히 밀착될 수 있도록 여러 번 반복해 읽는 것이 중요해요. 특히 낯선 정보는 처음부터 정독하는 것보다 다양한 지식을 접해본다는 느낌으로 읽어요.

 여러 권 함께 읽기(신토피칼 독서) - 같은 주제를 묶어 여러 권의 도서를 함께 읽어요.

'신토피칼' 독서는 '독서의 기술'이란 책에 소개되어 있는 독서법으로 '비교독서법'이라고도 해요. 하나의 주제에 대해 관련 있는 몇 권의 책을 함께 읽는 것을 말해요. 이때 여러 권의 책들의 내용을 비교하고 분석하면서 읽는 거예요. 하나의 주제를 제대로 소화하기 위해서 반드시 필요한 독서방법이에요. 이 방법은 생각의 폭이나 깊이를 확장하는 데 많은 도움이 되고 실전 논술과 구술에서 아주 유용하게 활용할 수 있는 독서법이에요.

주제별 추천도서

1. 사랑 : 춘향전(작자미상)/ 젊은 베르테르의 슬픔(괴테)/ 동백꽃(김유정)/ 소나기(황순원)/ 별(알퐁스 도데)
2. 선과 악 : 보물섬(루이스 스티븐슨)/ 지킬박사와 하이드씨(루이스 스티븐슨)/ 죄와 벌(도스토예프스키)/ 모비딕(허먼 멜빌)/ 파우스트(괴테)
3. 전쟁 : 기억속의 들꽃(윤흥길)/ 수난이대(하근찬)/ 장마(윤흥길)/ 전쟁과 평화(톨스토이)
4. 물질만능주의 : 자전거 도둑(박완서)/ 옥상에 핀 민들레꽃(박완서)/ 감자(김동인)/ 태평천하(채만식)/ 올리버트위스트(찰스디킨스)
5. 인간소외 : 변신(카프카)/ 난쏘공(조세희)/ 이방인(카뮈)/ 1984(조지오웰)/ 세일즈맨의 죽음(아서밀러)

책읽기가 즐거워지는 비법이 있어요?
: 목표달성을 위한 동기부여 방법을 활용해요 :

독서의 중요성을 깨달아도 실천하기가 어렵지요? 선생님도 다이어트의 중요성은 잘 알지만 실천하기가 참 어렵더라고요. 잠깐 반짝하고 사라지는 의욕은 오히려 나를 지치게 할 수도 있고요. 이때 체계적인 독서계획과 동기부여가 되는 아이디어를 활용하면 오랜 시간 즐겁게 책을 읽을 수 있답니다. 책읽기가 즐거워지는 동기부여 방법을 알아볼까요?

 계획표 만들기 -목표가 생겨요.

단기계획과 장기계획을 짜요. 1년 독서계획을 세운 뒤 6개월, 3개월, 한 달, 일주일, 하루 독서계획까지 세부적으로 짜요. 노트에 기록해도 되고 독서열매 채워 넣기를 해도 돼요. 독서의 양과 질까지 고려한 계획표를 세우는 것이 중요해요. 이때 처음부터 너무 무리하지 않게 계획을 잡는 것이 좋아요. 독서계획표를 통해 목표를 짜면 의욕이 솟아오른답니다.

 친구와 시합하기- 불끈불끈, 경쟁심이 불타올라요!

친구를 선의의 경쟁 상대로 삼아봐요. 한 주 동안 더 많은 권 수의 책을 읽었거나 더 많은 쪽 수를 읽은 친구가 이기는 시합이에요. 진 사람은 이긴 사람에게 떡볶이나 선물을 사주는 벌칙을 받는 거예요. 재미있는 부탁거리를 만들어도 좋을 것 같아요. 지는 것을 싫어하는 친구에게는 특효약이에요. 경쟁심이 불끈불끈 불타오르거든요.

그룹식 독서토론 – 깊이 있는 독서토론이 가능해요!

　유태인의 유능함의 비밀은 바로 '토론'이라고 해요. 유태인들의 도서관은 시장통처럼 무척 시끄러워요. 유태인들은 도서관에서조차 함께 생각을 나누며 토론을 하는 것이 생활화되어 있기 때문이에요. 친한 친구 몇을 모아 그룹식 독서토론을 진행해보아요. 다른 사람과 생각을 나누는 것만으로도 깊이 있는 사고를 하는 원동력이 돼요. 또 무척 재미도 있지요.

 독서통장 만들기– 독서이력 관리는 덤이랍니다.

　책을 읽은 뒤 독서통장에 읽은 날짜, 책이름, 출판사, 재미 별점 정도의 아주 간략한 내용만 기입하는 습관을 들여봐요. 권 당 포인트를 지급해도 좋아요. 책의 수준이나 분량에 따라 포인트 지급의 차등을 두는 것도 좋고요. 나의 독서이력이 차곡차곡 쌓여가는 재미가 있어요. 또 내가 어떤 분야를 주로 읽는지, 편독하고 있진 않은지 등 나의 독서현황을 한눈에 확인할 수 있어요.

 독서논술학원 등록하기– 다양한 영역을 골고루 접하는 유익함이 있지요.

　독서를 즐기지 않는 친구, 혼자 책읽기가 어려운 친구, 편독을 하는 친구, 자신의 생각을 표현하는 것에 어려움을 느끼는 친구들에게 추천하고 싶은 방법이에요. 대부분 독서논술학원에서는 학년 수준에 잘 맞는 유익한 양서를 추천해요. 다양한 영역을 골고루 접하는 유익함이 있고, 다소 어려운 부분도 쉽게 소화할 수 있다는 장점이 있지요.

독서활동 내용을 동영상 또는 오디오 파일로 만들어 보아요.

　책을 읽은 뒤 간략한 내용을 소개하거나 감상 내용을 오디오나 동영상 파일로 만들어 보아요. 이 방법으로 활용할 경우 나의 말하기 습관까지 체크할 수 있어요. 목소리 톤, 크기, 억양, 말의 빠르기 등 말하기 능력과 관련한 점검목록들을 만들어 점수화해 보세요. 만약 동영상 파일로 만들 경우에는 표정이나 시선처리도 함께 체크해요. 저장된 파일을 통해 나의 발전하는 모습을 확인하는 즐거움을 느낄 수 있답니다.

 독서멘토가 되어 보아요.

　누군가의 조언을 받는 입장이 아닌, 누군가에게 조언을 하는 입장이 되어 보세요. 동생이나 친구, 후배 등에게 좋은 책을 소개해 주거나 적극적인 독서활동을 할 수 있게 동기부여해 주는 역할자가 되는 거예요. 독서멘토가 되는 일은 상대에게만 도움이 되는 것이 아니라 나에게도 좋은 영향을 끼칠 수 있어요. 상대에게 조언을 하기 위해 나의 행동도 점검해 보고 발전시킬 수 있거든요.

 다양한 아이디어 활용하기- 재미가 두 배!

　책 한 권 읽을 때마다 돼지 저금통에 100원 넣기, 내가 싫어하거나 어려운 책을 읽을 경우 500원을 넣는 등 독서 저금통을 만들어 활용하거나 독서목표를 달성하면 나에게 선물주기(평소에 갖고 싶었던 것을 사거나, 여행 가기), 부모님과 협의하여 목표 달성시 갖고 싶은 것 선물받기 등 동기부여를 위한 다양한 아이디어를 활용해 봐요. 책 읽는 재미가 두 배로 띌 거예요.

독서포트폴리오 만들기

입학사정관제의 도입으로 독서포트폴리오 만들기의 중요성이 부각되고 있어요. 독서포트폴리오가 대체 뭐냐고요? 쉽게 말하자면 내가 어떤 책을 읽었는지, 책을 읽은 뒤 어떤 생각을 했는지, '나의 독서활동과 생각 자취를 보여주는 노트'라고 생각하면 돼요. 입학사정관들은 학생이 어떤 사람인지, 어떤 잠재력과 목표를 갖고 있는지, 목표를 위해 어떤 노력을 했는지가 궁금하거든요. 독서포트폴리오를 쓰면 좋은 독서습관이 잡힐 뿐 아니라 '쓰기' 능력까지 향상돼요. 독서포트폴리오를 쓰면서 '나'를 설계하고 목표를 설정해 보아요. 그리고 목표를 향해 적극적으로 움직여 보아요. 독서포트폴리오 쓰기는 자기주도 능력을 키울 수 있는 가장 좋은 방법이랍니다.

독서포트폴리오 왜 써야 돼요?

: 독서포트폴리오는 나의 꿈을 이루어줘요 :

독서포트폴리오 한 편을 작성하는 데 꽤 많은 시간이 필요해요. 쓰다 보면 시간을 많이 빼앗긴다는 느낌이 들 수도 있어요. 입학사정관제의 확대로 독서포트폴리오가 중요해졌다니까 쓰긴 쓰는데 그것을 쓰는 것이 어떤 효과가 있는지 알지도 못한 채 의무적으로만 쓴다면 독서포트폴리오가 주는 여러 가지 효과를 얻을 수 없겠죠? 독서포트폴리오를 쓰면 뭐가 좋을까요?

 책 읽고 기록하는 습관은 좋은 공부습관을 만들어요.

만약 중학공부 대비가 잘 되어 있지 않아 걱정인 친구가 있다면 지금부터 좋은 공부습관을 갖추는 데 주력해야 해요. 좋은 공부습관이 곧 좋은 성적으로 연결되거든요. 책을 읽고 차분하게 앉아 나의 생각과 느낌을 독서포트폴리오에 정리하다 보면 정서 안정에도 도움이 되고 꼼꼼하고 차분하게 공부하는 습관을 만드는 데 도움이 돼요.

 나의 취약한 점을 꼭꼭 채워줘요.

독서포트폴리오를 쓰면 그동안 나에게 취약했던 점이 무엇이었는지 깨달을 수 있어요. 그동안 작성한 독서포트폴리오를 살펴보면 나의 어휘력, 이해력, 사고과정, 문제해결방식, 편독습관까지 내가 가진 학습능력을 전체적으로 파악할 수 있어요. 독서포트폴리오를 작성하는 것은 나의 학습능력을 정확히 파악하고 취약한 점까지 꼭꼭 채울 수 있는 좋은 방법이에요.

입학사정관제에 대비할 수 있어요.

　입학사정관제의 핵심은 진로를 모색하고 진로와 관련된 다양한 스펙을 쌓는 것이에요. 자신의 적성과 소질을 일찍이 깨닫고 그 방향으로 발전을 시켜야 원하는 목표에 빠르게 도달할 수 있지요. 다시 한 번 강조하지만 입학사정관제는 '결과'가 아닌 '과정' 중심의 평가방식이에요. 독서포트폴리오 만들기를 통해 과정 중심의 입학사정관제에 대비할 수 있어요.

 서술·논술·수행·독서감상문 대회까지 각종 글쓰기 능력에 대비할 수 있어요.

　공교육 강화정책으로 독서감상문 대회 등 교내 수상실적이 무척 중요해졌어요. 내신에서 서술·논술이 차지하는 비중은 점점 늘고 있고요. 창의성을 요하는 수행평가는 평소 독서능력이 갖추어지지 않은 친구에게는 곤욕이지요. 나의 생각을 글로 풀어쓰는 능력은 단기간에 발전할 수 있는 능력이 아니에요. 독서포트폴리오 작성 습관을 통해 서술 능력과 생각 느낌을 체계적으로 전개하는 훈련이 필요해요.

나를 발견하고 설계하는 데 도움이 되어요.

　바쁜 학업시간에 쫓기다 보면 내가 누구인지, 왜 공부를 하고 있는지, 목적도 의식도 없이 우수한 성적만을 쫓아 '나'에 대한 생각을 할 겨를이 없지요. 독서포트폴리오는 '나'와 연계해서 쓰는 노력이 무척 중요한데 이것은 끊임없이 나를 들여다보는 습관을 갖도록 도와줘요. 독서포트폴리오 쓰기는 나의 진짜 모습을 발견하고 나의 꿈을 찾아주며 나의 꿈을 이루어 주는 가장 좋은 방법이에요.

② 독서포트폴리오 어떻게 써요?
: 내가 누구인지 드러나도록 독서포트폴리오를 작성해요 :

독서포트폴리오, 막상 쓰려고 하니 어떻게 써야 할지 잘 모르겠지요? 사실 '독서포트폴리오 쓰기'에 특별히 정해진 형식은 없어요. 나의 생각과 느낌을 가장 잘 표현할 수 있는 형태로 쓰면 돼요. 내가 어떤 책을 좋아하는지, 나의 꿈은 무엇인지, 나는 어떤 가치관을 가진 사람인지 등 '나'를 보여준다는 느낌으로 쓰면 돼요.

 독서포트폴리오 쓰는 방법

 책 선정은 좋아하는 흥미분야 책으로 시작해요!

　중학생을 위한 추천 도서목록은 또래 학생의 어휘 수준, 사고력 등을 최대한 반영했기 때문에 친구들에게 반드시 필요한 도서임이 분명해요. 하지만 누군가 정해준 책으로 시작하는 것은 수동적인 독서습관을 형성할 수 있으니 주의해야 해요. 독서포트폴리오는 장기 프로젝트예요. 오랫동안 지속할 수 있도록 가장 좋아하는 흥미 분야 도서로 시작해요.

 독서포트폴리오 쓰기가 익숙하지 않다면 기본적인 내용 구성으로 써요.

　독서포트폴리오 쓰기가 익숙하지 않다고요? 그렇다면 간단한 내용 구성으로 시작해 보아요. 책 제목, 지은이, 출판사, 평가 별점 등 기본적인 사항을 기록한 뒤 1.인상 깊은 구절 2.책 내용 3.간략한 감상평으로 시작하면 돼요. 처음부터 많은 양의 감상평을 쓰려는 욕심은 독서포트폴리오 쓰기에 대한 부담감을 심어줄 수 있으니 이 점 유의하도록 해요.

독서포트폴리오 쓰기가 익숙해졌다면 여러 가지 내용 구성을 활용해 발전시켜요.

책 제목에 대한 나의 생각/ 책을 읽게 된 동기/ 책표지를 보며 생각한 내용/ 책 내용/ 인상깊은 구절/ 함께 읽으면 좋은 책/ 작가의 삶/ 작가철학 분석하기/ 어려운 어휘정리/ 가장 재미있었던 내용/ 비판하고 싶은 내용/ 바꾸고 싶은 내용/ 책에 대한 평가/ 이 책을 통해 관심을 갖게 된 분야/ 더 읽어보고 싶은 책/ 독서 후 활동 등 다양한 구성들을 활용해요.

 개성만점, 다양한 스타일의 독서포트폴리오를 작성해 보아요.

편지쓰기/ 시로 표현하기/ 새로운 이야기 창작하기/ 다른 장르로 변환하기 등 독서포트폴리오 형식을 다양하게 활용해요. 도서의 주제, 분야 또는 독서의 목적에 맞게 나의 생각과 감상을 가장 효과적으로 표현할 수 있는 형태로 말이지요. 일반적 형태의 독서포트폴리오 쓰기보다 재미있고 나만의 톡톡 튀는 개성이 엿보이는 독서포트폴리오가 될 수 있어요.

 ## 입시를 위한 독서포트폴리오 쓰기 방법

 '잘 쓸래' 보다는 '한 줄이라도 쓴다'에 의미를 부여해요.

독서포트폴리오를 성의 있게 잘 쓰고 싶다는 마음은 참 좋은 마음이에요. 하지만 '잘 쓰고 싶다'는 마음보다는 '단 한 줄이라도 쓰자!'라는 자세를 갖는 것이 더 필요해요. 반짝 며칠 쓰고만 독서포트폴리오보다 오랜시간 꾸준히 나의 독서활동을 기록하는 것이 더 중요해요.

조금씩 발전된 형태를 보여 주어요.

앞에서 입학사정관제의 핵심은 '결과'가 아닌 '과정'을 보여주는 평가방식이라고 했죠. 그렇기 때문에 조금씩 발전된 모습의 독서포트폴리오를 작성하는 것이 유리해요. 책의 수준, 글의 분량부터 사고능력, 감상능력, 문장쓰기 능력까지 말이지요. 조금씩 발전된 형태의 독서포트폴리오는 입학사정관제에 좋은 인상을 줄 수 있답니다.

 '나' 와 연계해서 써요.

내가 책 속의 등장인물이라면 어떻게 했을지, 책 속 인물에게 본받고 싶은 점은, 나의 경험에 비추어 생각해 보기, 책을 읽고 나는 어떤 꿈(목표)을 갖고 노력했는지, 책을 접하기 전과 후 나의 변화된 점 등 '나'와 연계해서 써요. 책과 함께 발전하는 나의 모습뿐만 아니라 나의 가치관과 잠재력까지 명확히 보여줄 수 있는 좋은 독서포트폴리오가 될 수 있어요.

 진로 적성 분야 중심으로 독서포트폴리오를 작성해요.

입학사정관제의 핵심은 진로·적성 분야와 관련된 일관성 있는 스펙을 쌓는 거예요. 그러므로 내가 좋아하는 관심분야를 먼저 찾는 것이 우선시되어야 해요. 그 이후 나의 꿈과 관련한 독서활동을 해요. 책을 통해 관심분야 탐색부터 진로 설정, 설정한 진로를 위해 어떤 노력들을 했는지 등이 구체적으로 드러날 수 있도록 독서포트폴리오를 작성해요.

③ 독서포트폴리오 어떻게 관리해요?
: 다양한 방법으로 독서포트폴리오를 관리해요 :

이제 독서포트폴리오 관리는 중요한 입시전략 중 하나예요. 그래서 독서포트폴리오를 관리해 주는 사설업체까지 등장할 정도예요. 물론 입시에서 독서포트폴리오 관리는 무척 중요해요. 하지만 선생님은 그 이유가 단지 입시 때문만은 아니었으면 해요. 독서포트폴리오는 나의 가치관, 감성, 사고, 표현들이 차곡차곡 쌓인 나만의 소중한 보물이예요. 세상에 딱 하나뿐인 나의 보물 관리법을 알아볼까요?

📖 독서노트를 활용해요.(1)

가장 보편적인 독서포트폴리오 관리법이에요. 두꺼운 노트로 시작하면 오랜 시간 동안 독서활동을 기록할 수 있다는 장점이 있어요. 1년에 한 권 정도면 되니 관리하기도 수월하지요. 하지만 조금 지루할 수도 있어요. 얇은 노트로 시작하면 금세 한 권의 독서포트폴리오를 완성할 수 있기 때문에 재미있어요. 다만 여러 권의 노트를 관리해야 하는 번거로움이 있어요.

📖 주제·분야별 독서노트를 활용해요.(2)

독후활동 내용을 주제·분야별로 챕터를 나눠요. 색인표를 활용하거나 아예 노트를 분리하는 두 가지 방법이 있어요. 챕터를 나눌 때는 문학/역사/사회/경제/과학/철학/예술 이렇게 분야별로 세분화해요. 이 방법은 편독하는 친구에게 추천하고 싶어요. 독서노트를 기록하다 보면 내가 어떤 부분에만 관심이 크고 어떤 부분에 관심이 소홀한지 한눈에 보이거든요.

독서 클리어 파일로 관리해요.

독서 클리어 파일로 관리하면 독서노트가 없어도 언제 어디서나 독서활동을 기록할 수 있어요. 주변에서 흔히 구할 수 있는 A4용지 등을 활용해 독서활동을 기록한 뒤 클리어 파일에 쏙쏙 끼워 넣을 수 있거든요. 클리어 파일로 관리하면 각 독서활동 파일 간의 순서를 바꾸기도 쉽지요. 또 새로운 독서활동지를 첨가하거나 빼기도 수월해요.

 인터넷, 독서 블로그로 관리해요.

인터넷 블로그로 관리하면 손글씨로 쓰지 않아도 돼서 편하고 분실할 위험이 적지요. 관리도 쉽고 누리꾼들의 즉각적인 반응을 볼 수 있어 재미있기도 해요. 이때 주의할 점이 있다면 누리꾼을 의식한 독서활동보다 나의 솔직한 생각과 감상평에 집중해야 한다는 점이에요. 해킹이나 데이터 손상의 위험이 있으니 독서활동 내용을 백업해 두거나 출력해 두는 것이 좋아요.

 나만의 책을 만들어 보아요.

문서로 작성한 독서포트폴리오의 원고량이 좀 많을 경우 책으로 만들어 소장하면 특별한 느낌이 들 거예요. 관계가 있는 파일끼리 묶어 차례도 구성해 보고 머리말이나 작가 프로필도 넣어봐요. 직접 만들어도 좋지만 책 제작해 주는 업체를 이용해도 좋아요. 인터넷 포털 사이트에서 '나만의 책 만들기' 키워드로 검색해 보아요. 책 만드는 데 비용이 들어가긴 하지만 독서포트폴리오 작성 후 더 큰 성취감을 맛볼 수 있어요.

독서포트폴리오 쓰기로 학습효과까지 누릴 수는 없나요?

: 독서포트폴리오 쓰기로 성적을 올릴 수 있어요 :

학교공부에 독서포트폴리오까지 너무 부담스럽지요? 학습효과까지 누릴 수 있는 독서포트폴리오 만들기 비법이 있으니 걱정 마세요. 독서포트폴리오 작성할 때 어느 부분에 포인트를 두고 독서포트폴리오를 작성하느냐에 따라 지필고사, 수행평가, 서술형 평가 및 논술형 평가, 심지어 입시까지도 대비할 수 있답니다.

 기초학습능력을 키우는 독서포트폴리오

어휘력 - '나만의 어휘장'을 만들어 보아요.

　어휘력을 향상시킬 수 있는 가장 좋은 방법은 책을 읽고 잘 모르는 단어를 체크해 두었다가 나만의 어휘장을 만들어 보는 거예요. 책 속 핵심단어를 이용해 짧은 문장을 만들어 보는 것도 도움이 돼요. 이때 단어의 뜻을 풀이한 옆에 그림으로 표현하거나 예문을 첨가하면 단어 뜻을 더 오래 기억할 수 있어요.

쓰기 능력 - 베껴 쓰기와 의견쓰기로 쓰기 능력을 업그레이드해요.

　글쓰기에 두려움이 있는 친구라면 짤막한 글부터 쓰는 훈련이 필요해요. '인상 깊은 구절 베껴 쓰기'는 글쓰기 능력에 도움이 돼요. 다른 이의 글을 꾸준히 베껴 쓰는 연습만으로도 문장력과 글 구성 능력까지 향상시킬 수 있거든요. 나의 생각을 짤막하게라도 의견과 근거로 나누어 쓰는 것도 좋아요. 조금 익숙해졌다면 논술문 형식의 독서포트폴리오를 작성해 쓰기 능력을 업그레이드해요.

핵심 파악 능력 - 핵심단어 찾기와 요약 훈련을 해보아요.

　핵심을 파악하는 능력은 학습 성적을 좌우하는 주요한 요소로 작용해요. 정확한 핵심을 파악하기 위해서는 내용 요약 훈련이 필요해요. 문학 작품은 주인공이 한 일을 중심으로/ 주요한 사건 중심으로/ 사건의 원인과 결과를 중심으로 요약해요. 비문학은 각 문단을 나눈 뒤 문단별로 핵심 단어를 찾고, 핵심 단어를 연결해 중심 문장을 만든 뒤 전체 내용을 요약해요.

 배경지식 확장 - 책 관련 정보들을 기록해요.

　배경지식이 풍부하면 학습내용을 이해하기가 쉬워져요. 특히 비문학 영역에서는 배경지식이 독해능력에 많은 영향을 끼치므로 배경지식을 넓히는 노력이 필요해요. 독서 후 작품의 시대적 배경 살펴보기, 작가의 삶, 작품 속 등장하는 실존인물 조사하기, 새롭게 알게 된 사실, (줄줄이) 연계지식, 책을 통해 얻은 상식, 책과 관련한 정보 등을 정리하는 습관을 가져보아요.

 사고력 향상 - 질문하고 생각하고 답해 보아요.

　상위권 학생들의 특별한 능력은 바로 사고력이라는 연구결과가 있어요. 내용 파악에 급급한 독서에서 벗어나 질문하고 답하는 능동적인 노력이 사고력을 향상시켜요. 작가의 의도 생각하기/ 등장인물 비교 분석하기/ 작품의 역사적 가치 생각해 보기/ 독서토론 보고서 만들기, 판결문 만들기 등 사고력을 자극하는 독서포트폴리오를 작성해 봐요.

좋은 학습 습관과 바른 가치관 – 나의 감상평을 작성해 보아요.

책을 읽은 뒤 책의 첫인상/ 등장인물과 나 비교하기/ 나의 경험에 비추어 생각하기/ 등장인물에게 내가 배울 점/ 독서 감상문 쓰기, 독서 감상시 쓰기/ 지은이에게 편지 쓰기/ 서평 쓰기 등 독서포트폴리오에 나의 감상평을 작성하는 습관은 나를 발전시키는 원동력이 될 수 있어요. 또 능동적인 학습 습관과 바른 가치관을 형성하는 데 도움이 돼요.

서술형 평가 대비를 위한 독서포트폴리오 만들기

서술형 평가 채점시 애매한 부분들은 감점 처리가 되는 경우가 있으니 주의해야 해요. 의미전달이 분명한 문장 쓰기가 핵심이며 문제가 요구하는 개념을 정확하게 표현할 수 있어야 해요. 특히 핵심 단어를 빠뜨리지 않도록 주의해요. 책 속 키워드를 이용해 짧은 문장 지어보기/ 나만의 개념사전 만들기/ 어휘 노트 독서포트폴리오 만들기 등으로 서술평 평가에 대비해요.

논술형 평가 대비를 위한 독서포트폴리오 만들기

문제가 제시한 요구사항에 맞게 글을 구성하는 훈련이 필요해요. 맞춤법, 띄어쓰기를 잘못할 경우 감점 처리가 되기도 해요. 내용 요약 능력과 인용, 논리적 사고 훈련이 필요해요. 등장인물 분석하기/ 사회문제의식 반영한 내용/ 책 속 토론 주제 찾아 생각 정리하기/ 문제 원인 분석하기/ 논술문 쓰기/ 해결 방안 찾기 등의 독서포트폴리오로 논술형 평가에 대비할 수 있어요.

수행평가를 위한 독서포트폴리오 만들기

　독서감상문 쓰기는 수행평가의 단골손님이예요. 그러므로 평소 책 내용과 연계하여 나의 생각과 느낌을 정리하는 훈련이 필요해요. 또 책 내용을 다른 장르로 변환하기, 속편 쓰기 등 창의성을 요하는 과제들이 많아요. 독서감상문 쓰기와 등장인물 인터뷰/ 뒷부분 이어쓰기/ 시점 바꿔 쓰기/ 인상 깊은 내용 다른 장르로 변환하기 등의 독서포트폴리오로 대비해요.

 상위권 학교 진학을 위한 독서포트폴리오

　자기주도능력, 바른 가치관과 인성, 깊이 있는 사고, 자신의 꿈을 보여줄 수 있는 독서포트폴리오 만들기가 핵심이에요. 책을 읽고 내 인생 목표(꿈) 세우기/ 꿈을 위한 노력/ 독서 후 변화된 나의 모습/ 독서 후 활동 사진집 만들기/ 주인공이 겪은 경험 따라하고 기록하기/ 등장인물에게 본받고 싶은 점 찾기/ 위인의 성공 비결 찾고 적용한 일기 쓰기 등의 독서포트폴리오 만들기 훈련으로 대비할 수 있어요.

독서포트폴리오로 공부하기

2부

중학 성적의 기본기
– 독서포트폴리오로
기초 학습 능력 키우기

'선생님, 저는 정말 열심히 공부하는데 성적이 오르지 않아요.' 선생님에게 시험 성적을 고백하며 눈물을 뚝뚝 흘리는 제자가 있었어요. 선생님도 그 학생이 평소 얼마나 공부를 열심히 했는지 잘 알고 있었기에 안타까운 마음이 들었어요. 만약 나름 열심히 공부했음에도 불구하고 성적이 오르지 않는다면 나의 기초 학습 능력을 의심해 봐야 해요. 기초 학습 능력이 부족한 친구들은 모래 위에 집을 짓는 것과 같이 아무리 열심히 공부해도 좋은 결과를 얻기가 어렵거든요. 중·고등 우등생의 학습 능력은 초등학교 때 이미 갖춰진다는 말이 있어요. 초등학교 동안 얼마나 제대로 기초 학습 능력을 키웠느냐에 따라 열등생과 우등생이 갈리는 것이지요. 중학 필독서 독서포트폴리오 쓰기로 어휘력, 독해력, 이해력, 배경지식 등 중학 공부에 밑거름이 될 수 있는 기초 학습 능력을 키워보아요.

낯선 단어와 친해지기
: 어휘장 만들기 :

 단어의 뜻을 제대로 아는 것이 글을 제대로 이해하는 첫걸음이에요.

단어는 글을 구성하는 가장 작은 단위예요. 따라서 단어의 의미를 잘 알지 못하면 글 전체의 의미도 알지 못하게 된답니다. 단어의 뜻을 얼마나 잘 알고 있는지, 언어생활에서 얼마나 많은 단어를 사용하는지를 가늠하는 척도가 바로 어휘력이에요. 어휘력이 좋다는 말은 단어의 의미를 제대로 파악하는 능력이 좋다는 뜻이며 그것은 글의 내용을 바르게 이해할 수 있는 기본적인 능력을 갖추고 있다는 뜻이에요. 따라서 어휘력을 길러야 글의 핵심을 제대로 파악할 수 있답니다.

모르는 단어를 정리해 나만의 어휘장을 만들어요.

글을 읽다가 모르는 단어가 나오면 꼭 동그라미를 치거나 아니면 메모를 하세요. 그리고 책을 다 읽고 난 후 뜻을 찾은 단어들을 모아 어휘장에 단어와 뜻을 함께 적어주면 돼요. 이렇게 새로 알게 되는 단어의 수가 늘어날 때마다 나의 성적을 쑥쑥 올릴 수 있는 기틀이 마련된답니다.

왜 세계의 절반은 굶주리는가?

장 지글러 지음/ 유영미 역/ 갈라파고스

내용 정리

유엔인권위원회의 식량 특별 조사관으로 활동한 장 지글러가 자신의 아들에게 전해 주는 세계 기아의 현실을 다룬 책이다. 지금 세계에서는 120억의 인구가 먹을 수 있는 식량이 생산되고 있지만 정치적인 이유, 육식 위주의 식습관, 협력 기구의 자금 부족 등 여러 이유로 하루 10만 명의 사람들이 굶어 죽고 있다.

나만의 어휘장

- **FAO** - United Nations Food and Agriculture Organization(유엔식량농업기구). UN 전문 기구의 하나로 세계 여러 나라의 식료품과 농산물의 생산과 분배를 개선하고 토지, 품종 개량 기술을 지도하는 것을 목적으로 하는 기구이다.
- **NGO** - Non-Governmental Organization(비정부 기구). 지역이나 국가 또는 국제적으로 조직된 자발적이고 이익을 목적으로 하지 않는 시민 단체. UN에 의해 공식적으로 사용되었고 국가 주권의 범위를 벗어나 사회적 연대와 공공의 목적을 실현하기 위한 자발적인 공식 조직이다.
- **소비에트 연방** - 유럽 동부와 아시아 북부에 있었던 연방 공화국. 최초의 사회주의 국가이다. 1991년 사회주의가 붕괴되면서 해제되었다.
- **적십자** - 전쟁 중에 다친 사람들을 치료할 목적으로 설립된 기구. 현재는 전쟁 포로나 민간인들을 보호하고 질병을 예방하거나 난민을 구조하는 사업도 한다.
- **국경없는 의사회** - 국제적으로 의료 활동을 통해 사람들을 구하는 조직이다. 전쟁이나 기아, 질병, 자연 재해 등으로 고통받는 세계의 사람들을 구하기 위한 단체이다.

 모르는 단어를 찾을 때는 국어사전뿐 아니라 백과사전, 인터넷 검색 등 다양한 매체를 활용해서 찾도록 합니다. 그리고 이때 어렴풋한 의미만 알고 있는 단어들도 그 뜻을 찾아 제대로 의미를 알고 넘어가야 합니다.

② 단어를 자유자재로
: 짧은 글짓기 :

 키워드를 이용해 짧은 문장을 만들면 그 단어의 뜻을 완벽하게 이해할 수 있어요.

　단어의 뜻을 사전을 찾아 메모해 두기만 한다고 그 단어를 완전히 안다고 할 수는 없어요. 새롭게 알게 된 단어를 완전히 내 것으로 하기 위해서는 그 단어를 계속 활용해야 해요. 단어를 활용할 수 있는 가장 좋은 방법은 그 단어의 의미가 잘 드러나도록 짧은 글을 짓는 것이랍니다.

 단어의 뜻이 잘 드러나도록 새로운 문장을 만들어 보아요.

　단어가 모여 하나의 문장을 만들고, 문장이 모여 문단을 만들며, 문단이 모여 하나의 글이 완성되지요. 따라서 한 편의 글을 이루는 가장 작은 단위는 바로 단어라고 할 수 있어요. 먼저 글을 이루고 있는 핵심 단어나 새로 알게 된 단어를 찾아요. 그리고 그 단어의 의미를 사전을 이용해 정리하고 그 뜻이 잘 드러나도록 한 개나 두 개의 문장으로 만들어 보아요.

우리 곁에서 만나는 동서양 신화

이경덕 지음/ 사계절

내용 정리	우리의 일상 속에서 쉽게 마주칠 수 있는 우리나라의 신화 및 세계 여러 나라의 신화를 영화, 그림, 절, 길, 일상의 다섯 파트로 나누어 소개해 주고 있다. 영화나 그림 또는 상표처럼 우리가 주변에서 쉽게 만날 수 있는 소재를 통해 우리의 생활과 문화 속에 자연스럽게 녹아있는 여러 신화들의 모습을 보여주고 있다. 특히 많은 예를 들어 더욱 재미있고 쉽게 이해할 수 있다.
나만의 어휘장	● **신화** – 예로부터 입에서 입으로 전해져 내려오는 설화 중 국가나 민족의 탄생과 같은, 그 나라의 국민이 신성하다고 믿는 이야기 ● **이상향** – 인간이 생각할 수 있는 최선의 상태를 갖춘 완전한 사회. 〔유의어〕 꿈나라, 낙원, 낙토 ● **전령** – 명령을 전하는 사람. ● **상징** – 추상적인 개념이나 사물을 구체적인 사물로 나타냄. ● **의례** – 행사를 치르는 일정한 방법. ● **고양** – 정신이나 기분 따위를 북돋워서 높임. ● **영롱하다** – 광채가 찬란하다. ● **계략** – 어떤 일을 이루기 위한 꾀나 수단. ● **이복형제** – 아버지는 같고 어머니는 다른 형제. ● **참전** – 전쟁에 참가함.
단어 이용해 짧은 글 짓기	● 우리나라 건국 **신화**에서는 하느님의 아들인 환웅과 웅녀가 결혼하여 단군할아버지를 낳는 이야기가 나온다. ● 나는 시험을 보지 않고도 모두가 행복하게 살 수 있는 그런 **이상향**을 꿈꾼다. ● 단풍은 가을이 왔음을 알려주는 가을의 **전령**이다. ● 비둘기는 예전에는 평화의 **상징**이었지만 지금은 더러움의 상징이다.

- 혼례, 제례, 상례는 우리나라의 전통적인 **의례**들이다.
- 이번 국어 시험은 100점을 맞아서 나의 자신감이 **고양**되었다.
- 그 다이아몬드는 푸른빛이 **영롱**하게 빛나고 있었다.
- 삼국지에 나오는 제갈량은 **계략**이 뛰어난 군사였다.
- 그리스 신화의 아폴론은 그의 **이복형제**인 헤르메스로부터 비파를 기증받았다.
- 1950년 6·25 전쟁이 일어났을 당시, 세계의 여러 나라들이 우리나라를 위해 **참전**했다.

단어를 이용해 짧은 글을 지을 때는 무엇보다 단어의 뜻을 제대로 파악하고 그 뜻이 잘 드러나도록 해야 합니다. 이때 단어의 뜻을 드러내는데 너무 신경을 써 앞뒤 문맥이 억지스럽게 되지 않도록 주의해야 합니다. 단어에 대한 완벽한 이해를 바탕으로 그 단어가 문장 속에 자연스럽게 녹아들도록 꾸준히 연습해 봅시다. 자신이 찾은 단어가 사용된 다른 글을 찾아보는 것도 좋은 방법입니다.

나의 생각을 펼쳐보자
: 적절한 근거 들어 주장하기 :

 자신의 주장을 뒷받침하는 근거를 찾으며 논리력을 키워요.

　주장은 자신의 의견을 내세워 다른 사람을 설득하려는 말이예요. 설득이란 다른 사람이 나의 생각에 찬성하도록 하는 것이지요. 다른 사람이 나의 생각에 찬성하려면 그 사람의 생각을 바꿔야 하고, 그러기 위해서는 그 사람이 납득할 수 있는 좋은 근거를 들어야겠지요. 내 주장에 대한 좋은 근거를 찾는 노력을 하면 생각하는 힘이 강해지고 논리적인 사고력이 튼튼해진답니다.

 찬성이나 반대하는 입장을 정해 각각의 근거를 찾아봐요.

　우리는 책을 읽을 때 글쓴이의 생각에 찬성하기도 하고 반대하기도 해요. 우선은 글에 대한 자신의 입장을 정하는 것이 중요해요. 글쓴이의 생각이 나의 생각과 같다면 찬성, 글쓴이의 생각이 나의 생각과 다르다면 반대쪽으로 입장을 정하면 돼요.
　글의 내용에 찬성하는 경우라면 글쓴이가 내세운 근거를 바탕으로 그 생각을 뒷받침해 줄 수 있는 다른 근거를 찾아보고, 반대하는 경우라면 글쓴이의 주장을 정리하고 그 생각을 무너뜨릴 수 있는 반대쪽 근거를 찾아 쓰면 돼요. 이때 그 근거는 감정적이어서는 안 되고, 다른 사람도 인정할 수 있는 객관성을 갖는 것이 중요해요.

남녀평등이란 무엇일까?

주느비에브 프레스 지음/ 정고미라 역/ 웅진주니어

내용 정리	남녀가 동등하게 대우받는 중립적 공간으로 평가받는 남녀 공학 학교가 과연 평등한 공간인가라는 의문으로 이야기를 시작한다. 그리고 남녀 통합과 남녀 분리에 대한 설명을 해 주고 우리의 미래를 위해서는 남녀 통합을 이루어야 한다고 말하고 있다.
주장과 근거	〈여성 할당제에 대한 나의 생각〉 **주장** : 나는 현재 시행되는 여성 할당제에 대해 반대한다. **근거 (1)** ｜ 여성 할당제는 차별받는 여성의 권리를 보장하기 위해서 채용이나 승진에 반드시 포함되어야 할 여성의 퍼센트를 정해두는 제도이다. 즉 기업이 신입사원을 뽑을 때나 직원들을 승진시킬 때 할당되어 있는 수의 여성을 우선 뽑아 놓고 나머지 인원을 성적으로 뽑음으로써 여성들이 채용이나 승진에서 부당하게 제외되지 않도록 보장해 주는 것이다. 하지만 이것은 오히려 능력 있는 남자가 남자라는 이유로 채용이나 승진에서 부당하게 제외될 수 있는 현대판 적서차별제도와 다름없다는 생각이 든다. **근거 (2)** ｜ 여성 할당제는 평등의 관점에서 여성의 사회 참여를 늘리기 위해서 시행되는 제도이다. 하지만 제대로 된 평등, 제대로 된 남녀 통합을 위해서는 남성이 많이 진출한 분야에서 여성 할당제를 통해 여성들이 자리잡을 수 있도록 도와주듯이, 간호사나 유치원 보모처럼 여성이 남성보다 더 많이 진출한 분야에서는 남성이 자리를 잡을 수 있도록 반대로 남성 할당제가 적용돼야 한다고 생각한다.

 **tip** 자신의 주장에 대한 근거를 쓸 때 관련 분야의 권위 있는 사람의 말을 빌리거나, 전문 서적을 찾아서 그 책의 내용을 인용하면 객관성을 얻을 수 있습니다. 내 주장을 뒷받침하는 근거가 튼튼할수록 내 주장이 더 큰 힘을 얻을 수 있습니다.

논리적 사고가 탄탄
: 논술문 쓰기 :

 논술문을 쓰면 논리적 사고력이 튼튼해져요.

　논술문은 나의 생각을 표현하는 글쓰기 중 가장 높은 차원의 글쓰기에요. 하나의 논술문 안에는 글쓴이의 생각과 그 생각을 뒷받침해 주는 여러 사례들, 근거들이 촘촘히 짜여 있지요. 수많은 주장과 근거들이 구슬이라면 한 편의 완결된 논술문은 그 구슬들을 하나로 묶어주는 끈이랍니다. 따라서 논술문을 쓰는 연습을 하면 자신의 주장이 더욱 확실해지고, 그 주장을 뒷받침하는 근거를 찾는 과정에서 논리적인 생각의 과정이 틀을 갖추게 된답니다.

 주장과 근거를 효과적으로 배치해서 논술문을 완성해 봐요.

　우선 글을 읽은 후 이야기할 거리에 대한 자신의 주장과 근거를 써 보는 연습을 충분히 해 보세요. 그리고 그것이 어느 정도 익숙해지면 이제 자신의 주장과 근거를 하나의 완결된 글로 써 보아요. 앞부분에는 자신이 문제라고 생각하는 상황을 적고, 그 뒤에 그것에 대한 자신의 생각을 적어보세요. 그리고 그 생각을 뒷받침해 주는 예나 근거를 찾아 적으면 돼요. 이때 주장을 뒷받침하는 근거나 예는 반드시 주제와 관련이 있어야 하고, 다른 사람도 납득할 수 있는 객관성을 가져야 해요. 자신이 생각하기에 정말 멋진 근거라고 해도 주제와 연관이 없다면 과감하게 버려야 해요. 앞에서 연습한 자신의 주장 써보기를 줄글로 이어 쓴다고 생각하고 논술문을 써 보아요.

나는 선생님이 좋아요

하이타니 겐지로 지음/ 햇살과 나무꾼 역/ 사계절〈대청중-조세영 글〉

내용 정리	신출내기 여선생 고다니와 문제아 데쓰조가 서로를 이해하며 좋은 선생, 그리고 좋은 학생이 되는 과정을 그리고 있다. 진정한 교육이 어떤 것인지를 학생을 이해하기 위해 눈높이를 맞추려 애를 쓰는 고다니 선생의 노력하는 모습이 드러나 있다.

논술 주제와 논술문

주제 : 좋은 선생님이란 어떤 선생님일까. 좋은 선생님을 평가하는 교원 평가제에 대한 내 생각 써 보기

교육과학기술부에서 그동안의 고정관념을 깨는 강력한 대책을 내놓았다. 교사만 학생을 평가하는 것이 아니라 이제는 학생이 교원을 평가하는 시대, 즉 교원 평가제를 실시하는 시대가 되었다. 교원 평가제는 교원에 대한 믿음을 높이고 학생들이 좋은 교육을 제공받을 수 있게 해주기 위해 실행되었다. 교원 평가제의 처음 목적은 좋았지만 의무가 되고 난 후 사람들의 의견이 나누어져 여러 논란이 일고 있다.

교원 평가제의 의도는 적절하다고 보지만, 실시하기에는 아직 여러 미흡한 점이 있다. 첫째, 교원 평가제는 객관적인 평가가 되지 못하고 주관적인 평가로 변질될 가능성이 있다. 교원 평가도 결국 사람인 학생이 하는 것이기 때문에 숙제를 내주지 않고 간식을 자주 사주는 선생님에게 점수를 높게 주기 마련이다. 그리고 동료 교사를 평가할 때 친한 동료들끼리 서로 점수를 높게 주는 경우가 발생할 수도 있다. 한 자료에 의하면, 교사들의 동료 평가 점수와 학부모들의 교원 평가 점수는 약 2.5배 정도 차이가 나고 학생들의 교원 평가 점수와는 1.8배 정도 차이가 난다고 한다. 둘째, 학부모 평가는 정확하지 않다. 학부모는 한두 번 공개 수업에 참관하는 것만으로는 교원들을 제대로 파악할 수 없을 뿐더러 교무회의에도 참석한 경험이 없기 때문에 교원과 학교 시스템에 대한 지식이 거의 없다. 이러한 현실을 고려하지 않고 학부모 평가가 실시되면 학부모는 학생에게

의견을 물을 수밖에 없고 결국 이는 또 다른 학생 평가에 지나지 않는다. 한 교원은 학생들의 판단이 학부모의 판단이 되기 때문에 평가 항목이나 평가 방법 등이 새롭게 만들어져야 한다고 주장했다.

현재 교원 평가제는 찬반 논란에 휩싸여 제대로 실시되지 못하고 있다. 주관적인 평가를 최소화하기 위해서 평가 항목의 외적 요소는 제외하고 수업능력에 초점을 맞추어야 한다. 그리고 학부모 평가의 신뢰도를 높이기 위해 학교 시스템을 가정 통신문으로 자주 안내해야 한다. 밝은 교육을 이룩하고 정직한 교원을 만들기 위해 교원 평가제의 여러 제도들을 개선했으면 하는 바이다.

'선생님이 좋아요'의 고다니 선생님 같은 좋은 선생님을 제대로 평가할 수 있도록 보다 현실적인 교원 평가제 개정이 이루어져야 한다는 주장을 펼치고 있습니다. 그리고 현재의 교원 평가제에 대한 비판의 근거로 교원 평가가 주관적으로 이루어질 가능성이 높다는 점과 학교 상황을 잘 알지 못하는 학부모들이 제대로 평가할 수 없다는 점을 들고 있습니다. 단지 현재의 교원 평가제에 대한 비판에 그치지 않고 끝부분에 더 나은 방향으로 바꿀 수 있는 제안을 서술함으로써 글의 완성도가 더욱 높아지고 있는 글입니다. 이와 같이 논술문을 쓸 때 앞으로의 전망이나 개선 방안을 적어 주면 더욱 좋은 글이 됩니다.

5 역사적 안목으로 봐요
: 작품 속 시대상황 살펴보기 :

 작품이 써진 상황을 알면 작품을 보다 잘 이해할 수 있어요.

어떤 글이든 그 글이 쓰일 당시의 시대 상황이 글 안에 반영되어 있어요. 먼 과거의 이야기를 다룬 작품이나 먼 미래의 이야기를 다룬 작품일지라도 작품 안의 배경은 현재의 세상에서 빌려온답니다. 그리고 그 시대의 고민이나 문제점들이 작품의 주제 안에 녹아들어 있지요. 그러므로 작품 안에 드러난 시대적 상황을 공부하면 작품의 의미를 더 깊게 이해할 수 있고 글의 주제를 파악하기도 쉬워진답니다. 그뿐 아니라 시대 배경 조사를 통해 역사적 지식도 쑥쑥 키울 수 있지요.

 작품 속에 나타난 사건이나 단어를 이용해 시대적 배경을 찾아 봐요.

우선 작품 속에 드러난 시대적 배경을 찾기 위해서 작품 속에 드러난 특정한 사건이나, 지금은 쓰이지 않는 낯선 단어들을 살펴보세요. 특정 사건이 드러난 경우라면 그 사건이 일어난 해를 찾아보면 되고, 지금은 잘 쓰이지 않는 단어들의 경우는 그 단어가 어느 시대에 쓰이던 단어인지 조사해 보면 된답니다. 그리고 조사한 것들을 토대로 그 시대의 특징을 정리해 주면 되지요. 더욱 쉬운 방법을 알려주자면, 작품을 지은 작가가 어느 시대 사람인지 조사해 보면 작품이 만들어진 시대를 더 금방 알 수 있겠지요?

삼대

염상섭 지음/ 문학과 지성사

| 내용 정리 | 구한말에서 개화기를 거쳐 일제 강점기까지의 우리나라 역사를 조의관, 조상훈, 조덕기 이 세 부자를 통해 보여주고 있다. 대지주인 조의관이 죽은 후 재산 분배 과정에서의 갈등과 다양한 사회 활동을 하지만 겉과 속이 다른 조상훈의 위선적인 행동, 그리고 망해가는 집안을 살릴 책임을 지닌 식민지 세대 조덕기의 모습이 드러나 있다. |

등장인물을 통해 찾은 시대적 배경

- **1대 조의관** : (시대를 알려주는 키워드 – 대지주, 의관 자리를 산 것, 족보 사업 등) 미천한 신분에서 갖은 고생을 겪은 후 부자가 된 인물. 돈으로 의관 자리를 사고, 양반 가문의 족보도 사는 등 봉건적인 생각에 사로잡힌 구시대 인물이다.

- **2대 조상훈** : (시대를 알려주는 키워드 – 신문물, 개화기, 조선어 자전 편찬, 첩 등) 미국에 유학을 다녀와 신문물을 접한 개화주의자. 교회의 장로이기도 한 그는 여러 사회사업을 하지만 뒤로는 노름을 하거나 여자들이랑 놀고, 심지어는 아들의 친구이자 자신이 돌봐주던 독립 운동가의 딸을 임신시키는 겉과 속이 다른 위선자이다.

- **3대 조덕기** : (시대를 알려주는 키워드 – 부르주아, 룸펜, 학생복, 마르크스 등) 일본 유학을 다녀온 식민지 신세대를 상징한다. 조의관과 조상훈 사이에서 어느 한쪽의 입장도 편들지 않고 있으며 친구인 마르크스주의자 병화에 심정적으로 찬성은 하지만 적극적으로 참여하지는 않는다.

  → 종합해 본 1930년대의 서울의 분위기 : 신분제가 사라졌음에도 불구하고 조의관처럼 돈을 주고 관직을 사고 다른 사람의 족보를 사는 등 여전히 신분에 집착하는 사람들이 있었다. 또 조상훈처럼 개화기에 미국 유학을 다녀온 사람들이 있었고, 교회와 유교적 가치관 사이의 대립이 있었다. 또

첩을 둔 사람들도 있었다. 마지막으로 덕기의 친구 병화나 장훈파에서 보듯이 사회주의 운동을 하던 사람들이 있었고, 일제 강점 하에서 독립 운동을 하는 사람들이 있었다.

우선 작품 속에 드러나는 큰 사건의 줄기를 정리해 보세요. 그리고 등장인물들이 쓰는 언어의 특징을 살펴보고, 작품 속에 나오는 낯선 단어들을 사전을 통해 찾아보거나, 인터넷으로 검색해 보세요. 이러한 과정을 통해 작품 속의 시대적 배경을 찾을 수 있습니다. 그 후에는 작품 속에 나타난 주요 사건들에 대한 등장인물들의 반응을 정리해 그들의 가치관이 무엇인지 알아보고 그들이 왜 그런 반응을 보이는지 시대 배경을 통해 추리해 봅니다.

누가 쓴 작품이지?
: 작가의 삶 알아보기 :

 작가의 삶을 바탕으로 작품을 보면 주제를 더욱 잘 이해할 수 있어요.

　글은 작가의 생각이나 느낌이 문자로 기록되어 있는 것을 말해요. 글 속에는 글을 쓴 작가의 가치관이나 작가의 경험이 묻어난답니다. 그래서 작품에는 그것을 쓴 작가만의 고유한 색깔이 드러나게 되고 작품들의 주제나 표현 방법도 비슷하게 나타나요. 작가가 어떤 환경에서 어떤 생각을 하며 살아왔는지를 알면 작가의 글 속에 담긴 숨은 의미를 더 잘 이해할 수 있고 더 나아가 그 작가의 다른 작품들을 이해하는 밑거름이 돼요.

 작가의 삶을 다룬 글이나 작가가 쓴 수필을 통해 작가의 삶을 이해해요.

　작가의 삶을 조사하는 첫 단계는 그 작가의 삶을 다룬 글을 찾아보는 거예요. 위인전이나 인물 평전, 자서전 또는 그 작가에 대한 다른 작가의 글들을 조사해 보는 것이지요. 특히 작가가 직접 솔직하게 자신의 경험을 쓴 수필이 있다면 그것을 반드시 찾아 읽어 보세요. 수필만큼 작가의 개성이나 삶의 태도가 잘 드러나는 글은 없으니까요. 만약 작가의 삶을 다룬 글을 찾을 수 없다면 백과사전이나 인명사전을 찾아보는 것도 하나의 방법이에요. 이때 작가의 전체 삶을 일일이 나열하기 보다는 자신이 읽은 책과 관련된 작가의 삶을 중심으로 적어주는 것이 좋아요.

이육사 시 선집

이육사 지음/ 성낙수 역/ 신원문화사

내용 정리	일제 강점기에 끝까지 민족의 양심을 지키며 살았던 이육사 시인의 일생과 그의 시 36편, 수필 14편이 실려 있는 책이다. '광야', '절정', '청포도' 등 독립에 대한 강한 의지와 남성적인 말투로 지은 시들을 통해 이육사의 독립 운동가로서의 모습을 확인할 수 있었다. 또한 그가 일제 강점기를 어떻게 살아왔는지를 직접 눈으로 확인할 수 있는 수필이 실려 있어 독립 운동을 하면서 그가 느낀 고향에 대한 그리움과 자신의 일에 대한 사명감, 반드시 독립을 이루겠다는 의지를 알 수 있었다.
작품과 관련된 작가의 일생	원래 이름은 원록이다. 경북 안동에서 태어나 어릴 때 할아버지로부터 한학을 배워 선비다운 모습을 가지게 되었다. 22살에 독립운동단체인 의열단에 가입해서 일본, 북경 등을 다니다가 23살에 북경사관학교에 입학한다. 그 다음해에 조선에 돌아왔지만 장진홍 의사의 조선은행 대구지점 폭파사건에 관련되어 감옥에 갇힌다. 이때 죄수번호가 264번이었고 이때부터 호를 육사로 정했다고 한다. 1929년에 출옥해서 중국으로 건너가 여러 독립운동단체에 가담해 독립 투쟁을 했고, 1933년에 귀국해서 육사란 이름으로 시들을 발표했다. 1934년에는 신조선사 등 언론기관에 종사하며 시, 평론 등 여러 작품을 발표했다. 그는 이런 문학 활동 외에도 실제 독립 투쟁에 가담하여 전 생애를 통해 17번이나 감옥에 갇혔고 결국 죽음도 감옥에서 맞이했다고 한다. 그렇게 많이 감옥에 갇히면서도 포기하지 않고 끊임없이 독립운동에 참여했던 이육사의 끈질긴 의지가 '절정'이나 '광야'와 같은 시에 반영되어 있는 것 같다.

tip 작가는 자신의 삶의 경험에서 깨달은 점이나 느낀 점을 글로 표현합니다. 따라서 작가의 삶의 내력을 하나하나 짚어 가면 작품의 주제와 통하는 부분을 찾을 수 있습니다. 한 작가의 삶이나 가치관을 생각하면서 그의 모든 작품을 찾아 읽어보면 그 작가가 어떤 자세로 세상을 살아왔는지, 그리고 그 생각이 작품에 어떻게 녹아들어 있는지를 발견할 수 있을 거예요.

아! 그렇구나!
: 새롭게 알게 된 사실 정리하기 :

 새롭게 알게 된 사실을 기록하면 오랫동안 기억할 수 있어요.

    책 속에는 다양한 분야의 지식이 담겨 있기 때문에 책을 읽으면 새로운 정보를 얻을 수 있어요. 이렇게 새로 알게 된 것을 정리하지 않고 그냥 넘어가면 책장을 덮는 순간 새로운 지식이나 정보도 머릿속에서 지워지게 된답니다. 새로 알게 된 것을 오래 기억하기 위해서 그것들을 메모하고 정리하는 것이지요. 또한 새로운 지식이나 정보를 따로 모아 요약해 두면 나중에 다시 한 번 책을 읽을 때도 핵심만 간추려 읽을 수 있어 더욱 좋아요.

 새롭게 알게 된 지식을 모아 메모하고 그 의미까지 정리해요.

    책을 읽다가 새로운 개념이 나오거나 새로운 정보가 나오면 그 즉시 메모를 해 두어요. 이때 중요한 것은 단어만 적는 것이 아니라 그 단어에 대한 설명까지 적어야 해요. 그리고 메모한 것을 모아 정리하면 돼요. 만약 이 책만으로는 새로 알게 된 지식을 잘 이해할 수 없다면 관련된 다른 책을 찾아 읽거나, 백과사전을 참고해서 내용을 추가합니다. 더 나아가 이러한 과정을 통해 새로 깨달은 개념을 나의 삶 속에 적용해 보면 그 의미를 더욱 오랫동안 기억할 수 있어요.

쉽고 재미있는 과학의 역사

에릭 뉴트 지음/ 이민용 역/ 이끌리오

내용 정리	과학적 탐구의 기초가 되는 호기심에 대한 이야기에서 고전 물리학의 일대 혁명이었던 뉴턴의 운동법칙 세 가지를 거쳐 그것을 뒤집는 아인슈타인과 현대 물리학의 흐름, 그리고 화성 탐사에 이르는 인류 과학의 발전 과정을 한눈에 보여준다.
새롭게 알게 된 사실 정리	**내가 정리하는 사물의 운동에 관한 '뉴턴의 세 가지 법칙'** ● **뉴턴의 제1법칙** : 정지해 있는 물건은 정지해 있으려고 하고, 움직이는 물건은 움직이려고 한다. → 추석 때 할머니 댁 가는 차 안에서 우유를 마시고 있었는데 아빠가 갑자기 출발해서 내가 뒤로 쓰러지며 우유를 쏟았다. 엄마한테 엄청×100 혼났는데 그때 "이건 내가 그런 게 아니라 관성의 법칙에 의해 어쩔 수 없는 상황이었습니다." 라고 할 걸 그랬다. ● **뉴턴의 제2법칙** : 어떤 물체에 힘을 가하면 그 물체의 속도도 그 힘만큼 빨라지고 물체에 가한 힘의 시간이 길수록 물체의 속도도 높아진다. → 김연아가 금메달 딴 기념으로 동생 원호랑 채원이 누나랑 셋이서 스케이트를 타는데 채원이 누나랑 손바닥 밀기를 하다가 내가 힘껏 밀었더니 누나가 저 뒤로 멀리 밀려났었다. 세게 밀면 멀리 미끄러지고 약하게 밀면 조금 미끄러지는 이것이 뉴턴의 제2법칙이었던 것이다. ● **뉴턴의 제3법칙** : 모든 힘에는 그 힘에 반대되는 저항력이 있다. → 체육 시간에 선생님이 핸드볼 골대를 옮기라고 시키셨는데, 여럿이서 함께 해야 할 걸 내가 힘자랑한다고 혼자 멀리서 달려와 핸드볼 골대를 밀었는데 골대는 가만히 있고 오히려 내가 떠밀려서 바닥에 넘어졌다. 이건 이 책 읽고 나서 경험한 거라 난 땅바닥에 누운 채로 '아, 이게 골대의 저항력이구나!' 하고 깨달았다.

 자신이 책을 통해 새로 알게 된 사실을 자신의 언어로 정리하고 더 나아가 실생활에서의 경험을 덧붙이고 있습니다. 새로운 정보를 메모한 후 실생활에서의 예를 찾아보면 새로 알게 된 사실을 더 확실하게 이해할 수 있습니다.

8 피고에게 판결을 내리노라!
: 판결문 쓰기 :

 판결문 쓰기를 통해 인물을 더욱 깊게 이해하고 논리력을 키울 수 있어요.

　판결문은 재판에서 판사가 내린 결정과 이유를 적은 문서를 말해요. 어떤 사실이나 또는 어떤 사람에 대해 판결을 내리려면 판결을 내리려는 대상에 대해 제대로 알고 있어야 하겠지요. 그리고 합당한 이유를 들어 판결을 내려야 해요. 책 속의 사건이나 인물에 대한 판결문을 쓰면 대상을 더 깊이 있게 이해할 수 있고, 자신의 결정에 대한 타당한 근거를 찾으며 논리력을 키울 수도 있어요.

 인물의 행동이 옳은지 그른지 따져보고 그 이유도 생각해 봐요.

　막연하게 판결문을 쓴다고 하면 무척 어렵게 느껴지지만 등장인물의 행동에 대한 판단만 내리면 어렵지 않아요. 우선 책을 읽고 책 속에 드러난 사건을 떠올려 보세요. 그리고 그 사건과 관련된 인물들을 연결시켜 보아요. 그러면 누가 잘했고, 누가 잘못했는지 어렴풋이나마 보일 거예요. 그 인물들 중에서 잘한 사람은 상을 준다고 쓰면 되고, 잘못한 사람은 벌을 준다고 쓰면 돼요. 그런데 이때 반드시 상을 주거나 벌을 주는 이유를 같이 써 줘야 돼요. 제대로 된 이유를 쓰지 않으면 벌 받는 인물들이 막 따질 테니까요.

내 목은 매우 짧으니 조심해서 자르게

박원순 지음/ 한겨레신문사

내용 정리	소크라테스, 토머스 모어, 잔 다르크 등 역사적으로 유명한 10명의 사람들에 대한 재판을 통해 정의와 진실을 옹호하다 권력의 힘에 의해 좌절한 사연들을 보여주고 있다. 비록 그 당시 그들은 처형당하거나 불이익을 당했지만 지금 그들의 불의에 굽히지 않는 정신은 우리에게 큰 깨달음을 주고 있다.
나의 판결문	● 갈릴레이에 대한 나의 판결 나는 갈릴레이에게 벌을 주고 싶다. 그는 과학자이고, 과학자라면 자신이 알게 된 사실을 다른 사람들에게 솔직하게 있는 그대로 밝혀야 하는 의무가 있다. 그럼에도 그는 사형이 두려워 자신의 의견을 굽히고 말았다. 재판을 끝내고 나와 "그래도 역시 지구는 움직인다."라고 백 번 말해봐야 아무 소용이 없다. 진실을 세상에 밝히는 과학자로서의 책임을 다하지 않은 그는 입이 열 개라도 할 말이 없을 것이다. 게다가 그렇게 구걸하다시피 살아갔으면서도 과학자로서 제대로 연구를 하지 못했다. 그럴 바에야 차라리 자신의 목숨을 걸고서라도 진실을 지켜 자신이 발견한 것을 온 세상에 밝히는 편이 오히려 자신의 명예를 지키고 자신의 발견을 더 가치 있게 했을 것이다. 그래서 나는 갈릴레이에게 인류에게 도움이 되는 발견 100가지를 더 하라!라는 판결을 내린다. 땅 땅 땅!

tip 판사는 자신만의 생각으로 판결을 내리는 것이 아니라 법전을 토대로 기존의 사례를 참고하여 판결을 내립니다. 판결은 한 사람의 운명과 관련이 깊으므로 그만큼 조심스럽게 접근해야 합니다. 자신이 내린 판결과 비슷한 다른 판결문을 찾아보고, 또 자신이 내린 판결에 대해서도 변호사의 입장에서 반대해 봅시다.

나의 거울이 되어다오
: 교훈찾기 :

 책 속의 인물들은 나를 멋지게 바꾸는 힘을 가지고 있어요.

　책에는 작가의 경험이나 인생관이 담겨 있어요. 힘들었던 순간들, 괴로웠던 순간들과 그 순간들을 극복해내고 얻은 깨달음 같은 것들이 담겨 있지요. 우리는 책을 읽으면서 어려운 순간이나 힘든 순간을 어떻게 극복해야 하는지를 미리 경험해 보고 준비해 볼 수 있어요. 특히나 내가 살아가는데 도움이 되는 가치관을 메모해 두면 나의 습관을 좋게 바꿀 수 있고, 내 인생의 목표도 더 훌륭하게 세울 수 있게 된답니다.

 책 속의 인물이 어떻게 어려움을 극복하는지 살펴보아요.

　우선 책 속의 인물이 어떤 어려움을 겪고 있는지 살펴보아요. 그리고 그 어려움을 어떤 마음가짐으로 대하고 어떤 방법으로 극복해 나가고 있는지 그 과정을 찾아보세요. 그리고 그 과정에서 인상 깊은 것들이나 배울 만한 것들을 메모하고, 그것에 대한 나의 생각을 덧붙이면 돼요. 한 걸음 더 나아가 책을 통해 얻은 교훈을 내 삶에서 어떻게 실천할지 구체적인 목표를 세워주면 더 좋아요.

8000미터의 희망과 고독 중 '살아있는 한 다시 올 수 있다'

엄홍길 지음/ 이레

내용 정리

안나푸르나 등정 중 낭떠러지로 떨어지는 셰르파를 구하다 발목을 심하게 다친 엄홍길은 부상당한 발목을 이끌고 삶과 죽음의 경계를 넘나들며 베이스캠프로 돌아온다. 셰르파를 구한 걸 후회하기도 했지만 살아있는 한 다시 올 수 있다는 생각을 한다. 그 후 드디어 다섯 번의 도전만에 안나푸르나 등정에 성공한다.

배울 점과 나의 인생 목표

이 책에 나오는 엄홍길의 이야기를 통해 나는 많은 것을 깨달았다. 첫 번째는 자신이 위험에 처할 수도 있는 상황에서도 다른 사람을 도와주는 용기와 사랑이다. 로프를 잡으면 자신도 셰르파와 함께 낭떠러지로 떨어진다는 것을 알면서도 본능적으로 로프를 잡는 그 용기를 나도 배워야겠다. 두 번째는 큰 부상을 당했어도 끝까지 포기하지 않는 끈기와 의지다. 오른쪽 다리를 쓸 수 없는 힘든 상황에서도 희망을 가지고 끝까지 걷고 또 걸어 베이스캠프까지 오는 그 정신력에 감동을 받았다. 세 번째는 여러 번의 실패에도 좌절하지 않고, 살아있는 한 언젠가는 자신의 꿈을 이룰 수 있다는 자신의 꿈에 대한 확실한 믿음이다. 한두 번의 실패로 이건 안 되나 보다라고 포기했다면 엄홍길은 안나푸르나 등정을 평생 하지 못했을 것이다. 마지막으로 배울 점은 결국 안나푸르나 등정에 성공한 뒤에 환호만 하는 것이 아니라 자만에 빠지면 안 된다는 것과 정상에 올랐다는 결과보다 그 과정이 더 중요하다는 것을 깨닫는 엄홍길의 자세다. 성공에서 끝이 아니라 성공을 통해 더 많은 것을 배우려는 겸손한 자세가 그를 유명한 산악인으로 만들었다고 생각한다.

나는 이 책을 통해 내 인생의 목표를 다시 세웠다. 우선 내가 해야 하는 일이라면 어떤 상황이든 무조건 용기 내어 할 것이다. 그리고 나의 꿈을 이룰 때까지 어떤 어려움이 있어도 포기하지 않고, 도전하면 언젠가는 이뤄진다는 생각으로 끈질기게 물고 늘어질 것이다. 끝으로 항상 겸손한 자세로 모든 순간순간을 대하고 모든 것에서 배움을 얻으려 노력하겠다. 그러면 나도 엄홍길이 안나푸르나 등정의 꿈을 이루었듯 나의 꿈을 이룰 수 있을 것이라 확신한다.

 책에서 본받을 점들을 모아 내 인생의 목표를 새로 세워 봅시다. 이러한 긍정적인 목표들이 모이면 보다 나은 '나'를 만들 수 있을 거예요.

한 번 맞춰볼래?
: 독서 퀴즈 만들기 :

 독서 퀴즈는 내가 책의 내용을 제대로 이해하고 있는지를 스스로 평가할 수 있어요.

독서 퀴즈는 책을 읽고 책 속의 정보에 관해 문제를 만들어 보고 스스로 답을 해 보는 거예요. 그럼으로써 책 속의 중요한 정보를 다시 한 번 확인해 볼 수 있고 문제 해결을 통해 그 정보를 더욱 오랫동안 기억할 수 있게 돼요. 문제를 만드는 과정을 통해 글의 핵심 정보를 다시 한 번 확인할 수 있고, 그에 대한 답을 적으면서 그 정보를 완전히 내 것으로 만들 수 있게 돼요.

 핵심 단어나 중요 사건을 중심으로 문제를 만들어요.

독서 퀴즈의 문제로 구석에 숨어있는 자잘한 단어를 물어보는 문제는 절대 금지예요. 독서 퀴즈의 문제는 책의 중심 내용과 관련된 것이어야 합니다. 비문학의 경우 책의 중심 내용을 바탕으로 그 핵심 단어를 물어보는 문제나 새롭게 알게 된 지식의 의미를 묻는 문제를 만들면 돼요. 문학의 경우라면 등장인물의 정보를 묻는 문제나 중심 사건과 관련된 문제, 그리고 작품의 주제를 묻는 문제가 적합해요. 이렇게 문제를 만들고 난 후에는 그 답을 적어주면 돼요.

청소년을 위한 서양철학사

서용순 지음/ 두리미디어

내용 정리

고대 철학이 탄생했던 자연 철학에서 현대 프랑스 철학까지의 철학사를 철학가들을 중심으로 쉽게 쓴 책이다. 다양한 철학가들의 생각을 조금씩이나마 맛볼 수 있는 책이다.

퀴즈

1. 자연 철학자인 탈레스는 만물의 근원을 무엇이라고 했을까요?
   답 : (물)

2. 만물이 수로 구성되어 있다고 생각하고 수학의 원리가 만물의 원리라고 주장한 사람의 이름은?
   답 : (피타고라스)

3. 페르시아 전쟁 이후 아테네로 중심을 옮긴 철학이 주로 관심을 가졌던 분야는?
   답 : (인간)

4. 아리스토텔레스의 철학을 이용하여 기독교 신학을 체계적으로 만들고 '신학 대전'을 지은 사람은?
   답 : (토마스 아퀴나스)

5. 베이컨이 과학적 판단에 장애가 되는 위험 요소라고 주장한 네 개의 '정신의 우상'은?
   답 : (종족의 우상, 동굴의 우상, 시장의 우상, 극장의 우상)

6. 데카르트가 제시한 두 가지 사유의 원칙은?
   답 : (직관과 연역)

7. 합리주의 철학자인 라이프니츠가 생각한 단순한 실체는?
   답 : (단자)

8. 과학적 지식의 보편성과 확장 가능성을 긍정해 주는 칸트의 이론은?
   답 : (선험적 종합 판단)

9. 〈실천이성비판〉을 쓴 사람은?
   ① 데카르트   ② 밀   ③ 키에르케고르   ④ 에코   ⑤ 칸트
   답 : ⑤

10. 튀르고, 볼테르, 루소, 몽테스키외 등 184명의 사상가와 학자가 참여하여 모든 지식을 포괄하는 보편적 사전을 만들려는 목적으로 편찬된 책의 제목은?
    ① 백과사전   ② 잡학사전   ③ 국어사전   ④ 백과전서   ⑤ 순수이성비판
    답 : ④

11. 〈수상록〉을 쓴 몽테뉴가 생각하는 '회의'는?
    답 : (한 가지 관념이나 학설에 만족하지 않고 계속해서 탐구하려는 마음을 갖게 하는 가장 훌륭한 수단)

12. 논리적 원자론을 주장한 러셀에 대한 설명으로 잘못된 것은?
    ① 영국의 철학자이다.
    ② 제1차세계대전이 발발하자 반전 운동을 했다.
    ③ 1950년 노벨 평화상을 받았다.
    ④ 케이브리지 대학에서 강의를 했다.
    답 : (③ - 노벨 평화상 -x, 노벨 문학상 -o)

13. 사르트르의 실존주의에서 나타나는 가장 대표적인 주장은?
    답 : (실존은 본질에 선행한다.)

14. 1917년 10월 러시아에서 레닌과 트로츠키가 중심이 되어 일으킨 무산자 혁명의 명칭은?

답 : (볼셰비키 혁명)

15. 1960년대 후반에 구조주의를 비판적으로 계승한 프랑스의 후기 구조주의 경향의 대표적인 철학자는?

① 데리다와 푸코
② 버클리와 흄
③ 헤겔과 쇼펜하우어
④ 밀과 벤담
⑤ 러셀과 비트겐슈타인

답 : (①)

문제를 만들 때 단답식 문제 외에 보기를 섞어 내는 객관식이나 간단한 서술형 문제 등 다양한 문제를 만들면 더욱 좋습니다. 독서 퀴즈를 통해 책의 내용을 더 오래 기억하고 문제를 푸는 연습도 할 수 있으니 일석이조의 효과를 얻을 수 있겠지요?

배운대로 실천하자
: 내생활에 적용하기 :

 환경 도서를 읽고 알게 된 것을 실천하면 나도 지구 지킴이가 될 수 있어요.

지행합일이라는 말이 있지요. 아는 것을 행동으로 옮겨야 제대로 아는 것이지요. 특히 과학이나 환경 도서를 통해 얻은 정보는 실질적으로 우리의 환경을 지킬 수 있는 정보들이기 때문에 그것을 실천하면 지구를 살리고 환경을 보존하는 일이 될 뿐 아니라 과학 환경 글짓기의 좋은 소재가 될 수 있어요.

 내가 실제로 할 수 있는 일을 찾아 계획을 세워 봐요.

우선 과학이나 환경 도서에서 얻은 지식이나 정보 중에서 내가 실천할 수 있는 것들을 찾아보세요. 그 후에 그것을 일주일이나 한 달 또는 일 년 단위의 계획표에 적어 보아요. 그리고 매일 매일 체크해서 내가 실제로 실천한 것을 적어주면 돼요. 또한 나 혼자만 실천하는 데에서 그치지 않고 다른 사람들도 그 계획을 실천하는데 동참할 수 있도록 실천 후기를 만들어 주변 사람들에게 알려주어요.

녹색시민 구보씨의 하루 -일상 용품의 비밀스러운 삶

존 라이언 · 앨런 테인더닝 지음/ 그물코

내용 정리	이 책은 평범한 한국 시민 구보씨의 하루 일상을 통해 우리가 흔히 사용하지만 우리도 모르게 환경오염을 시키는 물건들을 보여준다. 커피나 신문, 티셔츠, 컴퓨터 등등 그것이 만들어지고 우리가 쓰기까지의 과정을 통해 그 물건들이 어떻게 환경오염을 일으키는지 보여주고 우리의 행동을 반성하게 한다. 특히 딱딱하게 사실을 나열하지 않고 평범한 사람인 구보씨의 하루 동안의 생활을 통해 자연스럽게 환경 문제를 드러내고 있어 환경 문제의 심각성을 더욱 가깝게 느낄 수 있도록 하고 있다.

내 삶에 적용하기

〈아빠〉
- 아침에 보는 신문 → 종이와 잉크가 환경을 오염시키니까 이제 인터넷 뉴스를 보시라고 부탁드린다.
- 자동차 → 말할 필요도 없다. 일주일에 한 번 정도는 지하철을 이용하시라고 말씀드려야겠다.

〈엄마〉
- 커피 → 커피를 만들기 위해 숲이 베어지고 힘들게 노력하는 사람들이 있다는 것을 말씀드리고, 하루에 딱 한 잔만 드시라고 해야겠다. 커피 대신 녹차나 둥글레차 같은 차를 권해드리고 싶다. 그리고 일회용 컵은 절대 금지. 텀블러나 컵을 가지고 다니시기를 부탁드려야겠다.
- 쓰레기 → 이건 우리 가족이 같이 동참해야 할 것 같다. 쓰레기를 줄이고 재활용할 수 있는 것은 꼭 철저히 재활용해야겠다.

〈동생〉
- 만화책 → 한 번 보고 마는 만화책은 친구 것을 빌려보라고 시켜야지.
- 에어컨 사용 → 얘는 정말 틈만 나면 에어컨을 팡팡 틀어대는데 이제부터 내

가 리모콘 관리를 해야겠다. 우리나라도 에너지 과잉 사용 국가라는데 얼마 전 정전사태도 있었고, 에어컨은 최대한 사용 금지!

〈나〉

- 티셔츠 → 항상 티셔츠를 깨끗하게 아껴 입는다.
  작아진 티셔츠는 그냥 버리지 않고 옷수거함에 넣어 필요한 사람이 입을 수 있도록 한다.
- 컴퓨터 → 컴퓨터 만드는 데 사용되는 구리 부품 때문에 산성비가 내린다고 하니 이제 새 컴퓨터 사달라고 떼쓰지 않겠다. 최대한 업그레이드로 버티다가 정 안될 때 바꾸겠다.
- 햄버거 → 햄버거에 들어가는 고기를 얻기 위해 키우는 송아지의 배설물이 하천을 오염시키고 치즈를 얻기 위해 키우는 젖소도 하천을 오염시킨다. 이걸 끊는 건 정말 힘들다. 그래서 아예 안 먹는다고는 못하고 이제 한 달에 한 번이나 두 달에 한 번 정도로 먹는 횟수를 줄여야겠다.

→ 이상의 사항을 집 현관문에 붙여 두고 매일 체크하기로 한다. 그래서 나도 모르는 사이에 지구를 죽이는 일이 없도록 하겠다.

책에서 알게 된 사실을 현실에 적용할 때는 내가 지킬 수 있는 현실적인 계획을 세워야 합니다. 그렇지 않으면 얼마 못 가 실패하고 만답니다. 그리고 내가 계획을 완벽하게 실행했을 때 내가 나한테 주는 선물도 적어보세요. 계획을 실천하려는 성취동기가 더욱 강해질 거예요.

왜 이렇게 썼을까?
: 작가의 의도 찾기 :

 책 속에 담긴 작가의 의도를 파악하면 주제가 보여요.

　작가의 의도를 찾으라는 말은 작가가 책을 쓴 이유를 찾으라는 말이에요. 즉 작가의 의도를 파악하는 일은 결국 작가가 책을 통해 하고자 하는 말, 주제를 찾는 일이랍니다. 어떤 글이든 글의 내용을 제대로 파악하기 위해서는 글의 주제를 알아야 해요. 따라서 작가의 의도를 파악하는 일은 글의 주제를 제대로 파악하고 글의 내용을 제대로 이해하는 지름길이에요.

 이야기의 교훈이나 글쓴이의 주장을 찾아보아요.

　문학 작품의 경우 작가의 의도는 겉으로 드러나지 않고 이야기 속에 숨어 있어요. 그래서 문학 작품에 담겨 있는 작가의 의도는 이야기에 담겨 있는 교훈을 중심으로 살펴봐야 해요. 반면에 논설문이나 설명문 같은 글들은 작가의 의도가 직접 드러나 있어요. 특히 처음 문단이나 마지막 문단을 살펴보면 작가가 글을 쓴 의도를 찾을 수 있답니다.

양반전

박지원 지음/ 대교출판

내용 정리

강원도 정선에 사는 어떤 양반은 책을 좋아하고 학식도 높았지만 돈이 없어서 관가에서 곡식을 빌려 먹고 살았는데 그것이 천 석이나 되었다. 이 고을에 순찰 나온 관찰사가 그것을 알고 양반을 딱하게 여기지만 해결 방법이 없었다. 그 때 고을의 한 부자가 양반의 빚을 갚아주는 대신 양반 자리를 산다. 그런데 관찰사가 그 이야기를 듣고 거래를 한 증명을 남겨야 한다며 부자에게 매매계약서를 만들어 주는데 그 내용은 양반이 지켜야 하는 형식적인 행동과 특권, 횡포에 대한 이야기였고 그걸 본 부자는 자신을 도둑으로 만들 거냐며 양반의 권리를 포기한다.

작가의 의도 파악하기

양반전에 나오는 양반의 모습은 이렇게 요약할 수 있다.

1. 책은 잘 읽지만 빚을 지고, 그걸 해결 못 해 울기만 하는 양반
2. 빚을 갚기 위해서 양반 자리를 파는 양반
3. 쓸데없는 형식을 따르고 체면을 중요하게 생각하는 양반
4. 자신의 권력을 마음대로 부리고 백성들을 괴롭히는 못된 양반

이것을 종합해 봤을 때, 작가 박지원은 본인도 양반이었으면서 양반 계급에 대해 무척 비판적이라는 걸 알 수 있다. 돈은 벌지 못하면서 매일 책이나 읽는 양반의 모습이나 빚을 갚기 위해 노력하는 모습은 보이지 않고 울기만 하는 모습을 통해 양반의 무능력을 보여주고 있다. 또 아무 의미 없이 체면을 따지는 행동에 신경 쓰는 양반의 모습과 자신의 이익을 위해서 백성들을 괴롭히는 양반의 횡포도 보여주고 있다. 이것들을 봤을 때 작가는 양반들의 잘못된 모습을 보여줌으로써 양반들을 비판하고 양반들이 자신들의 잘못된 행동을 바꾸라는 의도로 이 작품을 쓴 것으로 볼 수 있다.

 작품 속에 숨어 있는 작가의 의도를 파악하기 위해 등장인물들의 행동과 주요 사건들을 분석하고 있습니다. 이러한 분석을 종합하여 하나의 결론을 내리면 보다 쉽게 작가의 의도를 파악할 수 있습니다.

생각을 나눠보자
: 토론 거리 찾기 :

 토론을 하면 생각의 폭이 넓어져요.

하나의 책이라도 책 속에 담겨 있는 의미를 찾는 일은 사람마다 다 달라요. 그것은 사람마다 다 경험이 다르고 생각이 다르기 때문이지요. 따라서 책 속에 드러난 사실이나 책 속의 인물에 대한 평가, 사건에 대한 토론 거리를 찾아 다른 사람과 이야기를 해 보면 미처 생각해 보지 못했던 다양한 생각을 들어 봄으로써 생각의 폭을 넓힐 수 있고 그 과정에서 작품의 더 좋은 의미를 찾을 수 있어요.

 서로 반대되는 의견이 나올 수 있는 문제를 찾아요.

토론은 하나의 문제에 대해 여러 사람이 각각의 근거를 들어 찬성하거나 반대하는 입장을 밝히는 것을 말해요. 따라서 토론 거리가 되기 위해서는 사람마다 다른 생각을 할 수 있는 것을 골라야 하겠지요. 토론 거리를 최대한 많이 찾아낸 후 그 중 한 개나 두 개를 골라 실제로 다른 친구들과 토론을 해 보세요. 이때 자신의 주장만 내세우며 감정적으로 치우치지 않도록 주의하고, 합리적인 근거를 들어 자신의 주장을 밝히도록 노력하며 서로의 주장을 존중해 주는 자세가 필요해요. 토론하기 전 미리 자신의 입장을 정해 그 생각을 정리하는 메모를 해 두면 더욱 좋답니다.

죄와 벌

도스토옙스키 지음/ 윤수천 역 /지경사

| 내용 정리 | 가난한 대학 중퇴생 라스콜리니코프는 전당포 노파를 세상의 기생충 정도로 여기고 자신 스스로 신이 되어 그 노파를 죽이는 벌을 내린다. 그리고 그 후 정신적 갈등에 시달리다 정신적으로 순결한 소냐의 조언으로 자수를 하고, 시베리아까지 찾아온 소냐와의 행복한 미래를 꿈꾼다. |

토론 거리

1. 라스콜리니코프가 인간을 구분하는 방법인 범인과 비범인의 분류는 옳은가?
2. 라스콜리니코프가 노파를 죽여 가난한 사람들을 행복하게 했다면 과연 그 행동은 옳은 것인가?
3. 진짜 살인자는 라스콜리니코프인가 아니면 그를 그렇게 만든 사회 환경인가?
4. 자신도 하숙비를 내지 않아 남에게 피해를 줬으면서 다른 사람에게 피해를 준다고 노파를 살인하는 것은 정당한가?
5. 라스콜리니코프가 자신의 생각대로 살인을 했음에도 괴로워한 이유는 무엇일까?
6. 인간의 본성은 착한가, 나쁜가?
7. 의도를 갖고 살인을 한 라스콜리니코프와 자신의 의지와 상관없이 살인을 한 '지킬박사와 하이드'의 하이드 중 누가 더 나쁜가?
8. 살인을 한 라스콜리니코프가 자수했다는 이유로 8년 형을 선고한 것은 타당한가?

 토론 거리를 찾을 때는 작품의 주제와 밀접한 관련이 있는 것을 찾는 것이 좋습니다. 토론을 통해 작품의 주제에 대해 다시 한 번 생각해 보는 기회를 가져 봅시다.

한 눈에 쏙!
: 연표로 정리하기 :

 연표 만들기는 역사적 사건들을 한눈에 확인할 수 있도록 도와줘요.

역사 도서를 읽다 보면 너무 많은 사람들이 나오고 또 너무 많은 사건들이 나와서 기억하기가 무척 힘들지요? 그럴 때 연표를 만들면 내용을 쉽게 정리할 수 있어요. 연표란 역사적인 사건들을 연도별로 정리한 표를 말해요. 역사적인 사실을 연표로 만들면 각각의 역사적 사건들이 어떤 과정에서 일어났는지, 또 한 국가가 어떻게 부흥해서 어떻게 몰락해 가는지를 한눈에 알아볼 수 있답니다.

 중요한 사건을 시간 순서에 따라 배열하고 연도를 적어요.

우선 연표에 들어갈 사건들을 고르는 것이 우선이에요. 자잘한 사건들보다는 굵직굵직한 큰 사건들을 골라야 해요. 그리고 그 사건들을 시간 순서대로 나열해 보아요. 그 후에 하나의 긴 줄을 그은 후 시작 부분에는 선택한 사건들 중 가장 오래 전에 일어난 사건의 연도를 적어 주세요. 그 다음 줄의 끝부분에는 선택한 사건들 중 가장 나중에 일어난 사건의 연도를 적어 주세요. 마지막으로 그 사이를 일정한 간격으로 나누어 연도를 적고, 내가 선택한 사건들을 해당 연도 옆에 적어주면 돼요.

거꾸로 읽는 세계사

유시민 지음/ 푸른 나무

내용 정리

세계 역사의 중요한 사건들을 중심으로 근대사의 모습이 담겨있다. 프랑스의 드레퓌스 사건부터 1차 세계 대전의 도화선이 되었던 사라예보 사건을 거쳐 대공황, 2차 세계 대전, 사회주의의 몰락과 베트남 전쟁, 독일의 통일 등 굵직굵직한 사건들을 중립적인 입장에서 바라보고 있다.

연표 드레퓌스 사건부터 히틀러의 죽음까지

연도	사건	내용
1894년 9월	드레퓌스 사건	프랑스. 유대인 사관 드레퓌스의 간첩 혐의 사건
1905년 1월	피의 일요일	러시아. 러시아의 페테르부르크 동궁 광장에서 노동자들이 학살당한 사건
1914년 6월	사라예보 사건	오스트리아. 황태자와 왕비가 세르비아인에게 암살당한 사건
1917년 11월	러시아 10월 혁명	러시아. 프롤레타리아 혁명
1929년	대공황	미국. 뉴욕 월가의 뉴욕주식거래소의 주가가 대폭락하면서 시작된 경제 위기
1934년	대장정	중국. 홍군이 국민당의 포위망을 뚫고 9600km의 거리를 탈출. 모택동이 핵심 지도자로 떠오름
1939년	제2차 세계대전	독일. 히틀러의 폴란드 침공으로 발발
1945년 4월	히틀러 죽음	권총 자살

 연표를 만들 때는 세계의 사건이나 우리나라의 사건 중심으로 해도 되고, 한 인물의 생애를 주제로 만들어도 됩니다.

책 한 권 총정리
: 서평쓰기 :

 서평을 쓰면 책을 제대로 이해하고 책의 느낌도 오랫동안 간직할 수 있어요.

　서평은 책에 대한 자신의 평가예요. 제대로 평가를 내리기 위해서는 그 글을 완전히 이해해야겠지요. 따라서 서평을 쓰기 위해 책의 내용을 이해하는 과정에서 책의 모든 것을 완전히 나의 것으로 만들 수 있어요. 서평을 통해 책의 내용을 완전히 소화하고 오랫동안 기억에 남을 수 있도록 해봐요.

 나만의 기준을 세워 책을 평가해요.

　서평이 책에 대한 평가라고 해서 무조건 책에 대해 비판하는 것이 아니에요. 오히려 책의 좋은 점, 책을 통해 깨달은 점, 토론할 거리, 같이 읽으면 좋은 책 소개 등 앞에서 우리가 해 온 다양한 독서록 쓰기를 활용해 책에 대한 나의 생각을 정리해서 쓰면 된답니다. 우선 책을 평가하는 기준을 세우고 그 기준이 서평에 잘 드러날 수 있도록 내용을 구성해요. 그리고 그 책이 나에게 어떤 의미가 있는지, 어떤 사람들에게 추천해 주고 싶은지, 함께 읽으면 좋은 책은 어떤 것이 있는지 등을 써서 마무리해 주면 된답니다. 이렇게 완성된 서평이 하나씩 쌓여갈 때마다 나의 생각과 지식도 쑥쑥 자랄 수 있어요.

대통령이 죽었다

박영희 지음/ 실천문학사

내용 정리

1970년대를 배경으로 신문 배달원인 수형이 신설동 보급소에서 다른 배달원들과 함께 숙식하며 세상을 배우고 인생을 배우는 이야기이다. 수형은 신문 배달을 하며 신문과 가까워지고 신문을 통해 세상을 보는 법을 배우게 된다. 수형이가 어려운 상황에서도 열심히 살아가는 모습과 여자친구 지혜와 아름답게 사랑하는 모습이 드러나 있다.

서평

'대통령이 죽었다' 라는 제목이 독특해서 무슨 내용일까 하고 빌렸다. 읽어보니 대통령이 죽은 것에 관한 이야기가 아니라 박정희 대통령 시대를 배경으로 한 신문 배달원들의 이야기였다. 책을 후루룩 읽고 나서 작가의 프로필을 보니 이 이야기는 자신의 옛날 추억을 바탕으로 한 소설이었다. 실제로 소설의 이야기처럼 작가는 어린 시절에 공장과 신문배급소를 다니면서 일을 하였다고 한다. 나도 가끔 나의 옛날 기억들을 회상하면 피식 웃음이 나고 창피한 기억들이 떠오를 땐 얼굴이 빨개질 때가 있다. 작가도 나처럼 이 글을 쓰면서 피식 웃기도 하고 얼굴이 빨개지기도 했을 것 같다.

주인공 정수형은 대입 검정고시를 준비하면서 신문배달도 하는 성실한 학생이다. 어느 날 새벽에 신문배달을 하던 도중 위험에 처한 여고생을 구하게 되고 그 일로 큰 상을 받게 된다. 그 후로 주인공은 여고생과 사귀는 사이가 되는데 나는 책을 읽으면서 여고생과의 사이가 정말 실제였는지 궁금했다. 또한 책 사이사이에 들어간 70년대 당시의 사건들도 인상적이었다. 얼마 전 도덕시간에 청년 운동가 전태일에 대해서 살짝 배운 적이 있었는데 책에서 전태일에 관한 이야기가 나와서 무척 반가웠다. 또 다른 사건인 박정희 대통령이 죽은 사건은 내가 태어나기 전의 사건이라서 잘 몰랐지만 이 책을 통해 더 자세히 알게 되었고 이런 여러 과거의 사건들을 책을 통해 알 수 있어서 재미있었다. 또 국어시간에 책에는 작품이 쓰였을 당시의 시대적 배경을 바탕으로 작가의 삶과 생각, 사물을 바라

보는 관점이 들어 있다고 배웠다. 학교에서 배운 것들을 이 책을 통해 확인할 수 있어서 더욱 반가웠고 더 오래 기억에 남을 것 같다. 국어시간에 배운 것들을 적용해 보고, 우리나라 70년대의 시대 분위기를 알고 싶은 친구들에게 적극 추천해 주고 싶다.

같이 읽어 볼 만한 책	완득이(김려령 지음/ 창비), 전태일 평전(조영래 지음/ 돌베개)

 서평이라고 해서 특별히 지켜야 할 사항은 따로 없습니다. 지금까지 연습해 온 것을 활용해서 책에 대한 정보와 나의 생각이 드러나도록 쓰면 됩니다. 이때 감정적으로 평가를 내리기 보다는 내가 세운 기준에 맞춰 작품의 전반적인 정보와 그것에 대한 타당한 평가를 하는 것이 좋겠지요.

상위권 성적 대비
– 독서포트폴리오로
국어 내신 공부하기

내신성적에서 수행평가와 서술형·논술형 평가의 비중이 무척 높아졌어요. 아무리 지필고사를 잘 보아도 수행평가나 서술형·논술형 평가에서 감점이 된다면 상위권 성적으로의 진입은 불가능하답니다. 게다가 창의적 인재 양성을 목적으로 서술형·논술형 평가의 비중은 앞으로 더 높아질 예정이에요. 상위권 성적 진입을 위해서는 반드시 수행평가 서술형·논술형 쓰기 능력에 대비해야 해요. 하지만 대부분의 친구들이 수행평가 서술형·논술형 평가에 어떻게 대비해야 할지 막연할 거예요. 무조건 책을 많이 읽어야 한다고 하는데, 어떤 책을 어떻게 읽는 것이 효과적일지 답답하지요. 국어교과 연계 독서포트폴리오 쓰기로 수행평가, 서술, 논술평가, 국어지필고사까지 대비해 보세요. 국어적 사고를 탄탄하게 키워주어 다른 학과목까지 좋은 성적으로 이어질 수 있도록 도와줄 거예요.

기초 중의 기초!
: 내용 요약하기 :

내용 요약하기는 여러분들이 가장 쉽게 생각할 수 있고, 또 가장 흔히 볼 수 있는 방법이에요. 어떤 글이든 기본 내용을 제대로 파악하지 못하면 그 글이 담고 있는 소중한 의미들을 놓칠 수 있을 뿐만 아니라 작가가 말하려는 의도를 잘못 받아들이는 위험에 처할 수도 있어요. 실제로 대학교의 수시 논술 문제에서도 빠지지 않고 나오는 문제가 글의 내용을 요약하는 문제랍니다. 글의 내용을 이해하고 요약하는 능력이 대학 입시에서 아주 중요하게 평가된다니 놀랍지요? 그러니까 평소에 읽은 소설의 내용을 잘 요약하는 독서 감상문을 통해 요약 능력을 키워 보아요. 그냥 소설의 내용만 죽 요약하면 너무 심심하니까 자신의 생각이나 느낌 양념을 추가하는 건 필수랍니다!

책 제목 : 꼴찌들이 떴다

양호문 지음/ 비룡소

 독서 포트폴리오의 첫 걸음은 책 제목과 작가 이름, 출판사 이름을 쓰는 거겠죠!

공고에서 말썽꾸러기로 대접받는 기준, 호철, 성민, 재웅이는 한 달에 90만 원을 받으며 원주에서 막노동을 하게 된다. 핸드폰도 잘 터지지 않는 촌동네에서 막노동을 하면서 추동리에서 일어나는 사건들에 연루된다. 그 중 4명에게 월급을 주는 회사인 천마산업이 동네사람들과 갈등을 빚으면서 기준, 호철, 성민, 재웅도 시위에 가담하게 된다. 주민들이 공사트럭이 지나가는 길을 막고 공사기간을 계속 지연시키자 천마산업은 조폭들을 동원하여 시위를 진압하려 한다. 이 과정에서 여러 주민들이 상처를 입고 천마산업에 대한 반감은 더 커져만 간다. 마을에서 유일하게 청소년인 세

주요 등장인물들을 중심으로 소설의 핵심 사건들을 잘 요약해 주고 있지요. 내용 요약하기의 좋은 방법 중 하나는 이 독서 감상문처럼 소설에서 벌어지는 큰 사건들을 시간 순서에 따라 나열해 보는 거랍니다.

연, 은향, 희진과 함께 꼴찌클럽을 결성한 4명은 참다못해 천마산업본부를 찾아가 사장과 만난다. 사장과 함께 면담하는 과정에서 추동리 송전 철탑 공사의 비리를 알게 된다. 추동리 송전 철탑 공사를 담당하고 있는 김 과장과 공사를 총괄하는 사장의 아들, 전무의 비자금 조성, 유령 근로자 등록, 자재 납품 비리와 부정 용역 계약, 정식 사원 채용 시 금품 요구 등의 부정이 밝혀졌다.

작품 속에서 작가는 우리나라의 사회적 비리, 광우병과 관련된 촛불문화제의 무력 진압 등 현실과 사회에 대한 비판을 떠올리게 한다. 대기업의 비자금 횡령 비리, 정치계 인사들의 뇌물 수수 등 심심하면 꼭 한 번씩 나오는 비리에 관련한 이야기들, 그리고 최루탄, 물대포 등을 사용하여 촛불시위를 무력으로 진압한 우리나라의 문제점들을 지적하는 것 같다. 또한 비판적인 발언에 대한 책임이 무거운 우리나라에서 과연 민주주의가 실현되고 있는지에 대하여 생각해 보게 한다.

단지 '참 재밌었다' 라든가 '참 슬펐다' 는 식으로 간단한 자신의 느낌을 적은 것이 아니라 우리 사회의 문제 상황과 연결시켜 주고 있지요. '소설은 현실을 반영하는 거울이다' 라는 말이 있습니다. 소설 속에 내가 살고 있는 현실의 모습이 어떻게 담겨있는지 살펴보세요.

소설의 구성 단계는 갈등의 변화 양상에 따라 '발단-전개-위기-절정-결말' 의 다섯 단계로 나누어집니다. 발단 부분에서는 이야기의 배경과 등장인물이 소개되고, 갈등의 실마리가 드러납니다. 전개에서 위기로 진행하면서 갈등이 점차 심화되며 절정 단계에서 갈등이 최고조에 달하게 됩니다. 그리고 결말에서 갈등이 해소되며 등장인물들의 운명이 결정됩니다. 이러한 구성 단계에 맞춰 내용을 요약하면 소설의 내용을 보다 정확하게 이해할 수 있겠지요.

왜 이런 제목일까?
: 제목이 가진 의미 생각해 보기 :

서점에서 자신이 읽고 싶은 책을 고를 때 어떤 기준으로 책을 고르나요? 작가 이름이나 출판사를 보고 고르거나 아니면 책의 디자인이나 굵기를 보는 등 다양한 기준이 있겠지만 가장 많은 사람이 생각하는 기준은 아마도 책의 제목일 거예요. 그만큼 책의 제목은 중요해요. 소설의 제목은 그냥 붙는 게 아니에요. 작가들은 심사숙고 끝에 자신이 말하고자 하는 바를 한번에 보여줄 수 있는 단어를 이용해 제목을 짓는답니다. 따라서 모든 소설의 제목에는 소설 내용의 핵심과 작가가 말하려고 하는 글의 주제가 들어 있다고 할 수 있어요. 여기서는 소설의 제목이 담고 있는 의미를 중심으로 독서록을 만들어 볼 거예요.

제목 : '난쟁이가 쏘아 올린 작은 공' 중 '뫼비우스의 띠'

조세희 지음/ 이성과 힘

 단편 소설이 여러 편 실려 있는 책은 그 중 인상 깊은 한 작품만 골라서 써도 됩니다.

이번에 내가 읽은 책은 조세희 작가의 연작 소설집 '난쟁이가 쏘아 올린 작은 공' 중 첫 번째에 실려 있는 '뫼비우스의 띠' 다. 뫼비우스의 띠가 도대체 뭘까 싶어 인터넷을 검색해 봤는데 뫼비우스의 띠는 수학용어로 긴 직사각형 종이를 한 번 꼬아 끝을 이어 붙여 안과 밖의 구분이 없는 특이한 띠이다. 작가는 뫼비우스의 띠가 안과 밖을 구분할 수 없다는 특징에서 제목을 따온 것 같다. 이 소설에는 두 가지 이야기가 섞여서 나오는데 하나는 수학 선생님이 아이들에게 고정 관념에서 벗어나기를 바라는 이야기를 하는 것이고, 다른 하나는 꼽추와 앉은뱅이가 부당하게 자신들의 이

자신이 모르는 용어가 나왔을 때는 사전이나 인터넷을 이용해 의미를 확인하는 습관을 가져야 합니다.

익을 빼앗아간 부동산업자를 죽이고 자신들이 원래 받아야 할 이익만큼 돈을 되찾아간다는 이야기이다. 아무 생각 없이 읽으면 지나칠 수 있는 부분이지만 두 이야기에는 하나의 연결 고리가 있다. 일반적으로 우리는 꼽추와 앉은뱅이가 약자이고 그래서 그들이 선하고, 부동산업자는 강자이고 욕심이 많아서 악당이라고 생각하지만 가만 생각해 보면 결국 꼽추와 앉은뱅이가 부동산업자를 죽이고 돈을 가져간 부분을 보면 꼽추와 앉은뱅이가 악당이고 부동산업자가 피해자일 수도 있는 것이다. 앞의 이야기에서 수학 선생님이 말한 고정 관념에서 벗어나라는 말은 아마도 꼽추, 앉은뱅이와 부동산업자의 관계처럼 어느 한쪽이 일방적으로 착하고 어느 한쪽이 일방적으로 나쁘다고 생각해서는 안 된다는 가르침을 주고 있는 것 같다.

한 마디로 말해 뫼비우스의 띠라는 제목은 뫼비우스의 띠가 안과 밖의 구분이 없듯이 우리가 사는 현실도 무조건 착한 사람과 무조건 나쁜 사람은 없다는 주제를 드러내 주는 제목인 것 같다.

🔍 하나의 작품 안에 나오는 이야기들은 반드시 하나의 주제로 통합될 수 있습니다. 그리고 그 주제는 제목과 밀접한 관련이 있지요.

🔍 작품 분석을 통해 제목의 의미를 파악하면 주제를 보다 쉽게 찾을 수 있습니다.

'뫼비우스의 띠' 라는 단편 소설 안에 들어있는 서로 다른 두 이야기에 공통점이 있듯이 '난쟁이가 쏘아 올린 작은 공'에 실려 있는 열두 편의 단편 소설들은 공통점이 있습니다. 그것은 70년대 산업화, 도시화 과정에서 그 혜택을 받지 못하고 소외받은 계층들의 고달픈 삶을 소재로 삼고 있다는 것이지요. 그리고 그렇게 소외받은 계층을 난쟁이와 꼽추, 앉은뱅이와 같이 정상적이지 못한 인물들로 표현하고 있는 것이지요.

돋보기로 들여다 보기
: 등장인물 성격 분석하기 :

소설 속에는 반드시 한 명 이상의 등장인물이 나와요. 그리고 그 인물이 살아가는 공간과 시간이 드러나 있고, 그 안에서 인물이 사건을 겪어요. 이 요소들이 바로 소설을 구성하는 3요소인 인물, 사건, 배경이 되는 것이지요. 이 중에서도 특히 소설을 이끌어가는 원동력이 바로 인물이에요. 주어진 배경 안에서 인물이 만들어가는 사건을 기록한 것이 바로 소설이에요. 인물의 성격이나 특징을 제대로 파악해야 소설의 사건이 어느 방향으로 흘러갈지 예측할 수 있고, 또 소설의 재미를 보다 잘 느낄 수 있답니다. 또 중학교 국어 내신에서도 빠지지 않고 나오는 문제가 바로 인물의 성격을 찾는 문제이니 결코 가볍게 넘겨서는 안 되겠지요?

제목 : '토끼전'

전래동화/ 국어 교과서 국어 교과서로 배운 작품도 독서록을 쓸 수 있답니다!

국어시간에 토끼전을 배웠다. 어릴 때 이미 읽어본 거라 별 생각 없이 수업을 들었는데 내가 어릴 때 생각했던 거랑은 조금 차이가 있어서 놀랐다. 바로 토끼와 자라에 대한 생각인데 어릴 때 난 토끼는 착하고 자라는 어리석고 못됐다고만 생각했는데 지금 보니 그렇게 간단하지만은 않은 것 같다. 그래서 토끼전에 등장하는 인물들을 정리해 보기로 했다.

- **용왕** - 말 그대로 왕이나 높은 관리 같은 지배층을 의미한다. 자기의 병을 고치겠다고 아무 죄 없는 토끼를 잡아 위협하는 권위적인 인물이다. 또 자기가 살려고 남을 죽이는 것도 서슴지 않는 이기적인 인물이다. 아마도 당시 지배층이 자신들의 이익을 위해 힘없는 백성들을 괴롭혔던 모습을 보는 것 같다. 하지만 토끼의 말도 안 되는 거짓말에 속아 넘어가는 어리석은 인물이다.

 수업시간에 새로 알게 된 사실을 정리하는 습관은 성적 향상의 지름길입니다.

- **자라** - 왕 밑에서 왕의 명령을 따르는 관리이다. 용왕을 위해서 스스로 육지에 다녀오겠다고 말할 정도로 충성심이 강하다. 하지만 역시 용왕처럼 어리석어 토끼의 말에 속아 넘어가고 만다. 또한 자라 역시 자신이 모시고 있는 용왕을 위해 토끼의 생명을 빼앗는 것을 당연하게 생각하는 이기적인 모습을 보인다. 진정한 충신이라면 왕의 잘못을 짚어주고 바로 잡아주어야 하는데 자라는 우직하게 용왕의 말을 그대로 따르기만 하는 잘못된 충성을 보이고 있다.

- **토끼** - 지배층에게 괴롭힘당하는 백성을 의미한다. 어릴 때는 토끼의 좋은 면만을 보았지만 지금 보니 토끼도 문제가 많은 인물이다. 우선 결혼한 지 일 년도 안 된 아내를 버리고 자기 혼자 부귀영화를 누리겠다고 자라를 따라나선 부분에서는 이기적이고 어리석은 모습을 보인다. 또 허영심도 있고 신분 상승에 대한 욕망도 강하다. 하지만 위기의 순간에도 침착함을 잃지 않고 지혜를 발휘해 위기를 극복하는 모습은 칭찬하고 싶고 배울 점이라 생각한다.

> 인물의 성격을 정리할 때 그 인물의 성격을 보여주는 대사나 행동, 상황을 함께 메모해 두면 인물의 성격이 더 뚜렷하게 드러날 수 있습니다. 또한 인물의 성격이 어떠하다고 적는 것에서 그치지 않고 비판할 것은 비판하고 배울 것은 배우는 자세는 책을 통해 나를 발전시킬 수 있는 좋은 기회를 제공해 줍니다.

토끼전은 입에서 입으로 전해지는 과정에서 결말이 다양하게 나누어지게 되었습니다. 그 중 대표적인 것 세 개만 소개해 봅니다. 첫 번째는 토끼에게 속은 것을 분하게 여긴 자라가 바위에 글을 써 붙이고 스스로 목숨을 끊고 그 소식을 들은 용왕이 자신의 잘못을 뉘우치며 죽었다는 것입니다. 이 결말에는 자신들을 괴롭히는 지배층이 벌을 받기를 바라는 백성들의 소망이 담겨 있습니다. 두 번째는 토끼에게 속은 자라가 용궁에 돌아가면 벌을 받을 것이 두려워 그대로 대숲으로 도망쳐 자자손손 살았다는 것으로 이 결말에는 자라 역시 피해자라는 생각과 무엇보다 목숨이 중요하다는 조상들의 생각이 담겨 있습니다. 마지막 세 번째는 토끼에게 속아 상심한 자라 앞에 중국의 전설적인 의사 화타가 나타나 용왕의 병을 낫게 할 약을 주고 자라가 그것을 용궁에 가져가 용왕도 살고 자라도 살고 토끼도 모두 산다는 결말로 이 결말에는 모두가 행복하게 살기를 바라는 조상들의 따뜻한 마음씨가 담겨 있습니다.

④ 그때 왜 그런 행동을 했습니까?
: 등장인물 가상 인터뷰 :

 등장인물 가상 인터뷰는 앞에서 살펴본 등장인물의 성격 분석에서 한 걸음 더 나아간 방법이에요. 등장인물의 성격을 제대로 이해한 다음 그것을 이용해 실제로 등장인물을 만나 인터뷰한다는 상상을 글로 써 보면 된답니다. 글에는 나와 있지 않은 등장인물의 정보나 그들의 속마음을 상상해서 써 봄으로써 소설에 대한 이해의 폭을 더 넓힐 수 있어요. 수능에서도 등장인물들의 가상 대화를 이용한 문제들이 출제되니 평소에 연습해 보아요.

제목 : 소음공해의 '나' 씨 인터뷰

책 제목 : '돼지꿈' 중 '소음공해'

오정희/ 랜덤하우스코리아

 독서록의 제목은 책 제목을 그대로 쓰는 것보다 나의 독서록에 맞는 새로운 제목을 붙이는 게 좋아요.

- **사회자** : 시청자 여러분 안녕하세요? 오늘은 '소음공해' 속 주인공분과 인터뷰를 하겠습니다. 안녕하세요?
- **'나'** : 네, 안녕하세요? 오늘 이렇게 불러주셔서 감사합니다.
- **사회자** : 하하, 인터뷰에 응해 주셔서 감사하지요. 실례지만 하시는 일은 어떻게 되는지요?
- **'나'** : 저는 전업 주부이고요. 일주일에 한 번 몸이나 마음이 불편한 분들을 위해 자원 봉사를 하고 있어요.
- **사회자** : 아, 아주 훌륭한 일을 하시는군요. 그런데 위층과는 무슨 일로 사이가 나빠졌지요?

 인터뷰 형식을 이용해 소설의 내용을 요약하고 사건을 대하는 인물의 감정을 추리해 볼 수 있습니다.

- **'나'** : 저는 공공생활의 규칙을 중요하게 생각해요. 그런데 위층에서 너무 시끄러운 소음이 들려서 일주일은 참았어요. 그런데도 소음이 계속 들려서 인터폰을 이용해 경비 아저씨에게 위층에 제 이야기를 전해 달라 부탁했지요.
- **사회자** : 왜 본인이 직접 올라가서 이야기하지 않았나요?
- **'나'** : 직접 얼굴을 맞대고 아쉬운 소리를 하면 서로 기분 나쁠 것 같아서 품위와 예절을 지키느라 그렇게 했어요.
- **사회자** : 그래서 소음이 사라졌나요?
- **'나'** : 아니요. 그래도 소음이 사라지지 않아서 인터폰으로 직접 위층에 사는 젊은 여자와 이야기했지만 오히려 저에게 신경질을 부리더라고요. 그래서 이대로는 안 되겠다 싶었지요. 그래서 서로 기분 상하지 않게 제 의견을 전달하고자 슬리퍼를 선물하기로 결정하고 위층 여자를 찾아갔어요. 그런데…….
- **사회자** : 그런데요?
- **'나'** : 글쎄 위층 여자가 다리가 불편해서 휠체어를 타고 다니느라 그렇게 큰 소음이 난 거더라고요. 그것도 모르고 슬리퍼를 가지고 갔으니 창피해서 슬리퍼를 숨겼지요.
- **사회자** : 아이고, 장애우를 위해 자원봉사를 하시는 분에서 가까운 곳에 있는 몸이 불편한 분을 모르고 계셨군요.
- **'나'** : 네, 부끄럽네요. 하지만 위층 여자도 신경질내지 않고 미리 이야기해 줬으면 하는 아쉬움도 있어요. 그래도 이제는 위층 여자도 소리가 덜 나는 휠체어로 바꿨고 우리도 웬만한 소리는 이해하게 되어서 지금은 서로 사이좋게 지낸답니다.
- **사회자** : 네, 다행이군요. 이 인터뷰를 보시는 소음공해에 시달리시는 다른 분들도 조금 더 이웃에 관심을 가지고 이웃과 대화를 통해 문제를 해결하시길 바랍니다. 오늘 감사합니다. 안녕히 가세요.
- **'나'** : 네, 감사합니다.

🔍 등장인물의 성격에서 벗어나지 않는 한 등장인물의 속마음이나 뒷부분 등 자신의 상상을 덧붙여 쓰는 것도 좋습니다.

🔍 소설의 주제를 이용해 인터뷰를 깔끔히 마무리하면 끝!

이 소설의 핵심 소재는 '슬리퍼'와 '휠체어'입니다. '나'의 슬리퍼 선물은 위층 여자에게 '소음을 줄여 달라'는 '나'의 메시지를 점잖게 전달하는 도구로서 나의 교양을 나타내 주는 소재입니다. 하지만 이 선물은 다리가 없는 위층 여자의 처지에 어울리는 선물이 아니라는 것이 밝혀지며 '나'의 이웃에 대한 무관심을 드러내는 소재로 그 의미가 바뀌게 되지요. 위층 여자가 타고 있는 휠체어는 위층에서 들려오는 소음의 원인이자, 위층 여자의 처지를 드러내 주는 소재입니다. 또한 휠체어는 상황의 극적 반전을 일으켜 '나'와 위층 여자의 갈등이 해소되는 매개체 역할을 하기도 합니다.

재미있는 VS 놀이
: 갈등으로 내용 분석하기 :

　소설은 갈등의 문학이에요. 갈등은 소설 속의 사건을 전개시키고 주제를 더 잘 드러내는 한편 독자의 흥미를 불러 일으키는 기능을 해요. 우리가 소설을 재미있다고 생각하게 만드는 요소가 바로 갈등이지요. 따라서 소설을 이해하는 핵심 키워드는 바로 인물이 겪게 되는 갈등이에요. 등장인물이 무엇때문에 괴로워하는지, 누구랑 대립하고 있는지를 확인하고 갈등이 어떻게 깊어졌다가 어떻게 풀어지는지 그 과정을 살펴보면 소설의 전체 흐름을 이해할 수 있답니다.

제목 : 육촌형

이현주 지음/ 보림

- 배경 - 양짓말과 음실에 부자들이 들어오면서 두 동네 아이들이 서로 싸우게 된다. 나(장성태)가 사는 마을에는 오토바이라는 별명을 가진 소비연, 나의 육촌형 장근태가 사는 마을에는 유세아와 탱크라는 별명의 홍철식이 각각 대장이 되어 서로 으르렁대고 그 아이들 때문에 양짓말과 음실에 사는 아이들도 서로 사이가 멀어지게 된 것이다.

- 갈등의 원인 - 음실에 사는 육촌형 근태가 성태의 집에 족보를 가지러 왔다 간 것을 꼬투리 잡아서 소비연과 유세아가 근태와 성태가 싸우도록 시켰다.

 갈등이 일어나는 배경을 살펴 갈등의 원인을 찾아 봅시다.

- 갈등의 과정①(성태 VS 근태) - 소비연이 성태를 밀어서 근태의 어깨에 부딪히고 근태는 탱크한테 밀려서 성태의 뺨을 친다. 그리고 성태와 근태는 뒤섞여 싸우지만 곧 근태가 성태는 자신의 동생이라며 싸우지 않겠다고 한다.

- 갈등의 과정②(성태 · 근태) VS (소비연 · 유세아 · 탱크) - 근태가 싸우지 않는다고 하자 탱크가 근태의 턱을 때리고 성태는 두 손에 큼직한 돌을 들어 근태를 구하려 한다. 하지만 아이들이 팔을 붙잡고 탱크는 아이들에게 성태를 혼내라고 한다. 그러자 이번에는 근태가 성태 앞에 버티고 선다.

- 갈등의 해소 - 아이들은 이제 싸우지 않는다며 성태와 근태가 함께 개울로 가고, 근태는 성태의 코피를 닦아준다.

> 이 작품에 주로 드러나 있는 외적 갈등의 변화 양상과 그 해소의 과정을 찾아 정리했습니다.

- 같은 핏줄이지만 주변의 힘센 아이들 때문에 싸워야 하는 성태와 근태의 모습이 외세에 의해 6·25를 겪은 남한과 북한의 모습을 보는 것 같다. 그러고 보니 새로 이사 온 부자 아이들의 이름이 독특한 것도 이유가 있는 것 같다. 유세아는 미국(USA)과 발음이 비슷하고 소비연은 소련(소비에트 연방)과 비슷하다.

> 소설 속의 갈등의 모습을 확장하여 현실의 문제에서 찾을 수 있는 비슷한 갈등을 적었습니다.

이 소설은 한국 전쟁 이후의 우리나라 상황을 양짓말과 음실의 아이들을 이용해 간접적으로 드러내고 있습니다. 소비아와 유세연이 부추겨서 두 마을 아이들이 싸움을 하지만 결국 한 핏줄인 성태와 근태의 싸움과 화해를 통해 아이들은 더 이상 싸우지 않기로 결심합니다. 이는 외세에 의해 생긴 갈등을 우리 민족의 공동체 정신으로 해결해야 한다는 작가의 주제 의식을 드러내고 있는 것입니다.

모두모두 행복하게 살았습니다. 그리고……

: 뒷부분 상상하기 :

재미있게 읽던 소설책의 마지막 장을 읽고 난 뒤의 느낌은 어떤가요? 드디어 끝이 났다는 시원한 느낌도 있지만 조금 더 책 속의 인물들을 만나고 싶은 섭섭한 마음도 생기기 마련이지요. 여기에서는 그런 섭섭한 마음을 다 떨쳐버릴 뒷부분 상상하기를 해 볼 거예요. 뒷부분을 상상해서 이어 쓰는 것은 얼핏 쉬워 보이지만 작가가 미리 만들어 놓은 소설 속 세상을 완전히 이해하고 기존의 소설의 흐름에서 벗어나지 않도록 주의를 기울여야 해요. 또 원래 소설에 등장했던 인물들의 성격도 그대로 가져와야 하며 그들의 행동도 개연성을 가져야 해요.

제목 : 다시 만난 학

 소설의 원래 제목을 쓰는 것도 좋지만 새로 창작한 이야기에 맞는 새 제목을 지어주면 더욱 좋겠지요.

책 제목 : 학

황순원 지음/ 문이당

남쪽의 치안 대원인 성삼이가 고향에서 농민부위원장을 한 혐의로 포박된 어린 시절 친구 덕재의 호송을 맡는다. 성삼이는 덕재가 북한을 위해 고향에 남았다고 생각하지만 덕재와 이야기하는 과정에서 덕재가 단지 농민으로서 땅을 버릴 수 없다는 아버지 때문에 고향에 남은 사실을 알게 된다. 변함없는 친구의 모습을 확인한 성삼이가 덕재를 놓아주고 학이 하늘을 날아오르는 장면에서 소설이 끝이 난다. 나는 그 뒤를 이어서 새로 이야기를 마무리해 보았다.

성삼이는 그대로 잡풀 속에 누운 채 하늘을 쳐다보고 있었다. 덕재가 잡풀 사이를 헤치는 소리도 더는 들리지 않는다. 파란 하늘. 높푸른 가을 하늘. 하늘에는 경계선이 없는데 왜 이 땅에는 경계선을 그어 놓았나. 아버지 때문에 피난하지 않고 땅을 지키고 있었던 덕재. 어쩌면 그동안 우리 손으로 처형한 농민 동맹 위원들 중에는 덕재처럼 땅을 파먹는 일 밖에 모르는 사람들도 많이 있으리라. 성삼이는 눈을 한 번 질끈 감았다 뜨고는 몸을 일으켰다. 저 멀리 고개를 넘어가는 덕재의 하얀 옷자락이 보인다. 그 모습이 마치 어린 시절 덕재와 함께 놓아 주었던 단정학 같다는 생각을 했다. 성삼이는 담배를 한 대 피워 물었다. 이제 덕재의 하얀 옷자락은 더 이상 보이지 않았다. 언젠가 이 모든 것이 끝나면 그때 다시 만나기를. 성삼이는 권총을 장전하고 하늘을 향해 한 발 '타앙' 쏘았다. 그리고 한참동안을 덕재가 사라진 언덕 너머를 바라보다 이윽고 발걸음을 돌렸다. 덕재를 살려 보낸 것이 알려지면 자신의 상황도 무척 위험해질 테지만 그런 건 아무래도 상관없었다. 성삼이는 다시 고개를 들어 온통 파란 하늘을 올려다 보았다. 구름 한 점 없는 맑은 가을 하늘이었다.

소설 속에 등장한 인물들의 처지가 잘 드러나도록 씁니다. 특히 소설 속에 언급되었던 사건들을 이용하여 등장인물의 성격을 파악하면 더욱 더 인물들의 행동을 있음직하게 만들 수 있습니다.

이 작품의 제목이자 중심 소재인 '학'은 이념의 갈등에서 벗어난 순수한 인간애를 의미합니다. 성삼이와 덕재가 어린 시절 올가미에 걸린 학을 풀어주어 자유를 주었듯이 전쟁 중 체포된 덕재와 다른 편에서 만나게 된 성삼이가 어린 시절의 우정을 통해 오해를 풀고 이념의 대립에서 벗어나 덕재를 풀어주고 있는 것이지요. 따라서 이 작품의 주제는 우정을 통한 이념 갈등의 극복이라 할 수 있습니다.

그때 그 사람은 무슨 생각을?
: 시점 바꾸기 :

소설의 시점은 크게 두 가지로 나누어져요. 이야기를 독자에게 전달해 주는 사람이 소설 속에 등장하느냐 그렇지 않느냐에 따라 1인칭 시점과 3인칭 시점으로 나누어지는 것이지요. 1인칭 시점은 다시 소설 속의 등장인물인 '나'가 자신의 이야기를 하는지, 아니면 소설 속 또 다른 등장인물에 대해 이야기를 하는지에 따라 각각 1인칭 주인공 시점과 1인칭 관찰자 시점으로 나누어져요. 그리고 3인칭 시점은 작가가 소설 속 등장인물의 행동을 관찰만 하고 있는지, 아니면 등장인물의 속마음까지 속속들이 다 알고 있는지에 따라서 3인칭 관찰자 시점과 3인칭 전지적 작가 시점으로 나누어져요. 시점은 소설을 이해하는 기본적인 틀을 제공해 주기 때문에 앞으로 소설을 읽을 때는 시점을 꼭 생각하며 읽어 보아요. 각각의 시점마다 독특한 특징이 있기 때문에 소설의 시점을 바꿔보면 새로운 분위기가 만들어진답니다.

제목 : 어린왕자의 일기

책 제목 : 어린왕자

생텍쥐페리 지음/ 비룡소

5월 21일/ 날씨 : 여우처럼 태양이 예쁘게 빛남
제목 : 여우를 만난 날

외롭게 사막을 걷다가 예쁜 동물을 만났다. 나는 반갑게 인사를 했고 그 동물도 나에게 인사했다. 그 예쁜 동물의 이름은 여우라고 한다. 나는 너무나 외로워서 같이 놀자고 했지만 여우는 길들

 원래 어린왕자는 작품 속 등장인물인 '나'가 자신이 만난 어린왕자에 대해 이야기하는 1인칭 관찰자 시점이지만 여기에서는 1인칭 주인공 시점으로 바꿨습니다.

여지지 않으면 놀 수 없다고 했다. 그게 무슨 뜻이냐고 물었는데 여우는 그건 관계를 맺는 거라면서 서로에게 하나 밖에 없는 존재가 되는 거라고 말해 주었다. 그 말을 듣자 나는 내 별에 두고 온 장미꽃 생각이 났다. 여우는 나를 한참동안 쳐다보더니 자신을 길들여 달라고 했다. 나는 어떻게 해야 하는지 물어보았고 여우는 '참을성'이 많아야 한다고 말해 주었다. 그리고 아무 말 없이 자신의 곁에서 좀 떨어져 앉아 있으면 된다고 말했다.

5월 22일/ 날씨 : 밀밭 같이 태양이 황금빛으로 빛남
제목 : 길들인다는 것

오늘도 여우를 만나러 갔다. 여우는 어제와 같은 시간에 오는 게 더 좋았을 거라며 '의식'에 대한 이야기를 했다. 여우는 의식이란 건 그 순간을 특별한 의미가 있는 순간으로 만드는 거라고 했다. 나는 이제 여우와 길들여졌지만 떠나야 했다. 여우가 슬퍼했다. 나는 여우에게 미안해졌다. 여우는 나에게 다른 장미꽃을 보고 작별 인사를 하러 다시 오면 비밀을 알려준다고 했다. 나는 시키는 대로 했다. 정말로 그 장미꽃들은 내 별의 장미꽃과는 달랐다. 다시 여우에게 돌아와 작별 인사를 할 때 여우가 나에게 비밀을 알려줬다. 가장 소중한 것은 눈에는 보이지 않는 거라고. 나에게 장미꽃이 소중한 건 내가 장미꽃을 위해 소비한 시간 때문이라고 말해 주었고 내가 길들인 것에는 나의 책임이 있다고 해 주었다. 나는 그 말을 잊지 않기 위해 일기에 적고 있는 것이다.

🔍 일기의 형식을 이용하면 자연스레 1인칭 시점으로 시점을 전환할 수 있습니다. 어린왕자가 여우를 만난 부분을 어린왕자의 입장에서 쓰고 있습니다.

 소설 속에서 독자들에게 이야기를 전해 주고 있는 사람을 '서술자'라고 합니다. 소설 '어린왕자'는 작품 속의 서술자인 '나'가 '어린왕자'에 대해 이야기하고 있으므로 1인칭 관찰자 시점입니다.

8 지금 감정 오래 오래 남겨보자
: 느낀 점 시로 써보기 :

　소설을 읽는 이유는 재미를 위해서, 시간을 때우려고, 숙제 때문에, 엄마한테 칭찬을 받으려고 등등 여러 가지가 있겠지만 소설을 읽으면 소설 속 등장인물의 행동에 감동을 받을 수 있기 때문에 많은 사람들이 소설을 읽는 것이겠지요. 그런데 소설을 읽으며 느낀 감동을 그냥 그 순간에만 느끼고 말면 그 감동의 기억을 금세 잊어버릴 수 있어요. 그래서 소설을 읽으며 느낀 감정이나 감동을 오래 오래 기억하기 위해서 독서록을 쓰는 것이에요. 특히 감동을 크게 느낀 작품은 그 감정을 시로 표현해 보면 더욱 좋아요. 학교 내신뿐 아니라 수능에서도 소설 속 주인공의 처지나 감정과 일치하는 시를 찾으라는 문제가 종종 출제되니 소설을 통해 얻는 감정이나 감동을 잘 정리해 두면 좋아요.

제목 : 잎싹의 꿈

책 제목 : 마당을 나온 암탉

황선미 지음/ 사계절

〈줄거리〉

　철창 안에 갇혀 알을 낳던 암탉 잎싹은 남들과 다르게 자신이 낳은 알을 품어보고 싶다는 꿈을 가졌다. 결국 잎싹은 양계장에서 탈출하고 엄마 잃은 오리 알을 품어 아기 오리 초록머리의 엄마가 된다. 초록머리는 자라서 자신이 엄마와는 다른 오리라는 것을 깨닫고 청둥오리 떼를 만나 떠나고 잎싹은 자신을 괴롭히던 족제비도 아기 족제비들의 엄마라는 것을 알고 스스로 잡아먹히는 희생을 한다.

잎싹의 꿈 - (김영월 시인의 '갈매기의 꿈' 패러디)

닭장 주위를 맴돌며 알이나 낳는
여느 암탉들을 닮지 않고
잎싹은 알품기의 꿈을 꾸었다

용기를 가진 자만이
꿈을 이룰 수 있다
그 길이 위험하고 힘들지라도
나의 소망이 더 소중했다

오직 안전한 삶만을 생각하며
도전하지 않고 하루하루를
소심하게 살아가는 우리들

꿈을 이루고 행복하게 자신을 희생하는
잎싹의 목소리를 듣고
한 번쯤 꿈에 도전해 보고 싶다.

🔍 자신이 읽은 책과 비슷한 주제의 시를 찾아서 패러디를 하면 보다 쉽게 시의 형식에 맞게 시를 쓸 수 있습니다. 이때 소설의 주제가 드러나게 바꿔 쓰면 더욱 좋겠지요.

주인공 '잎싹'은 다른 닭들과는 다른 꿈을 가지고 있습니다. 단지 알을 낳기만 하는 것이 아니라 그것을 품어 새 생명의 탄생을 보고 싶다는 소망을 가지고 있는 것이지요. 그 꿈을 이루기 위해 노력하는 잎싹의 모습에 우리는 깊은 감동을 느낄 수 있습니다. 잎싹이 목표를 이루기 위해 끊임없이 노력하는 모습과, 마지막에 족제비 가족을 위해 자신을 희생하는 숭고한 모습에서 이 작품이 우리에게 주는 교훈을 찾을 수 있습니다.

나도 잘 나가는 영화 작가!
: 시나리오로 바꿔보기 :

소설을 읽을 때 머릿속에 소설의 장면이 영화처럼 그려지는 경험을 해 본 적이 있나요? 내가 좋아하는 배우를 소설 속 인물로 캐스팅하고 아름다운 배경음악을 깔고 멋있는 영상을 만들어 보는 것은 어떨까요? 소설 속 인상 깊은 장면이나, 소설에서 제대로 드러나지 않은 부분을 골라 영화의 대본인 시나리오로 표현해 보아요. 소설 속의 장면이 구체적으로 눈앞에 떠올라 더 확실하게 소설의 내용을 기억할 수 있어요. 시나리오를 쓸 때는 시나리오 용어를 확실히 알아두어야 해요.

책 제목 : 소나기

황순원 지음/ 길벗 어린이

S#1. 도랑. 낮 (추억 장면 -잔잔한 음악)
　도랑은 붉은 흙탕물이고 많이 불어 있다. 그 앞에 난감하게 서 있는 소년과 소녀. 소년 무뚝뚝하게 소녀 앞에 등을 댄다.
소년 : 자.
　소녀가 소년의 등에 업힌다. 살짝 미소 짓는 소녀 표정. 소년, 소녀를 업고 도랑을 건넌다. 도랑 한가운데쯤 들어섰을 때 어머, 하며 소년의 목을 끌어안는 소녀. 살짝 멈추는 소년의 벌개진 얼굴 C.U. 그대로 다시 도랑을 건너는 소년. 카메라 조금씩 뒤로 물러나 롱샷으로 둘 위의 하늘을 비춘다. 구름 한 점 없는 푸른 하늘.

 시나리오 용어
- S# : 시나리오의 기본 단위인 씬 번호입니다. 장면의 변화에 따라 번호가 새로 붙습니다.
- C.U. : 클로즈업. 화면 가득 인물의 얼굴이 들어차도록 가까이 촬영하라는 뜻입니다.
- 롱샷 : 멀리서 촬영하라는 뜻입니다.

S#2. 소녀의 집. 밤. (현재)

눈을 감고 행복한 미소를 짓고 있는 소녀의 얼굴 O.L. 표정은 미소를 짓고 있지만 얼굴은 하얗다 못해 파랗게 보이고, 입술도 메말랐다. 식은땀을 흘리고 있는 듯. 카메라 점점 뒤로 물러나면서 방 안의 풍경이 보인다. 침상 위에 누워있는 소녀. 소녀의 엄마가 소녀의 손을 잡고 있고 그 주변에는 가족들이 둘러 앉아 소녀를 걱정스럽게 내려다보고 있다. 소녀 살며시 눈을 뜨고 힘겹게 고개를 돌려 자신을 내려다보고 있는 가족들을 하나하나 쳐다본다.

엄마 : (울먹이는 목소리로) 정신이 드니? 정신이 들어?

하지만 소녀는 목소리가 들리지 않는 듯 천장을 바라보고 있다.

소녀 : (작지만 또렷하게) 엄마. 엄마.

슬픈 음악

엄마 : (소녀에게 바짝 다가가며) 그래, 엄마 여기 있어. 엄마 보이니? 엄마 보여?

소녀 : 엄마...나... 나 죽거든... 나...지금 입고 있는 옷... 이거 그대로...입혀서 묻어줘... 알겠지?

엄마 : 무슨 말이야?! 죽긴 왜 죽어! 정신 차려봐. 엄마 얼굴 봐봐!

소녀 : 꼭...이야...꼭....꼭 엄마.

소녀 스르륵 눈을 감는다. 울음이 터지는 엄마. 비통해하는 가족들. 카메라 천천히 소녀의 분홍 스웨터에 물든 진흙에 다가간다.

- **O.L.** : 오버랩. 한 화면이 끝나기 전에 다음 화면이 겹쳐 보이도록 편집하는 기술입니다. 주로 과거 회상으로 넘어가거나 과거에서 현재로 넘어올 때 씁니다.

소나기는 주로 여름에 갑자기 세차게 쏟아지다가 곧 그치는 비를 의미합니다. 소설 속의 소년과 소녀는 소나기를 통해 사이가 가까워지지만 그 소나기 때문에 소녀가 병이 악화되어 죽게 되고 그렇게 소년과 소녀의 짧은 사랑은 이별을 맞게 되지요. 즉 소설의 제목인 '소나기'는 여름에 내리는 소나기처럼 짧고 순수한 소년과 소녀의 사랑을 의미하는 것입니다.

요거 좀 아쉬운데?
: 마음에 안 드는 부분 바꿔 쓰기 :

소설을 읽다 보면 마음에 안 드는 부분이 있기 마련이에요. 소설 안에 마음에 안 드는 부분이 많으면 소설을 더 이상 읽기 싫어질 뿐 아니라 작가가 미워지기까지 하지요. 이럴 때는 더 나은 방향으로 자신이 직접 바꿔 보는 게 어떨까요? 자신이 원하는 모습으로 주인공을 바꾸고 사건을 바꾸고 아예 주제까지도 다 바꿔 볼 수도 있어요. 소설을 읽으며 불만을 가졌던 부분을 내 마음에 들도록 바꿔 써 보아요.

제목 : 몽실 언니 구하기

책 제목 : 몽실 언니

권정생 지음/ 창작과 비평사

언니의 책장을 훑어보다가 괴상한 이름을 발견했다. '몽실 언니? 히히, 이름 참 특이하네?' 난 혼자 낄낄대면서 특이한 제목을 한 그 책을 꺼내 보았다. 책 표지에는 딱 봐도 촌스러운 일자 단발머리를 한 언니가 포대기에 애기를 감싸 등에 업고 있는 그림이 그려져 있었다. 도대체 무슨 이야기일까 싶어 언니 책상에 앉아 오랜만에 독서를 한 나는 작가님을 원망하며 눈물 콧물을 줄줄 흘려버렸다. 몽실 언니가 너무 불쌍했다. 몽실 언니가 행복하게 사는 모습으로 바꿔 주고 싶었다. 그래서 몽실 언니가 다리를 다치는 부분부터 마음에 안 드는 부분을 바꿔 새로 줄거리를 짜 보았다.

🔍 글을 읽게 된 동기, 독후록을 쓰게 된 동기가 드러나 있습니다.

→ '새아빠가 엄마를 밀어 엄마 밑에 깔린 몽실 언니는 다리를 다쳤지만 다행히 크게 다치지 않아서 금세 나왔다. 하지만 집안에서는 여전히 구박을 받는다. 그러던 중 고모가 몽실 언니를 찾아와서 친아버지에게 데려갔고 거기서 새어머니와 함께 행복한 삶이 시작된다. 새어머니는 몸이 병약했지만 몽실 언니가 날마다 산에서 몸에 좋은 나물이나 약재를 캐서 먹여 몸이 건강해졌다. 그러다가 전쟁이 나서 친아버지는 전쟁에 끌려가고 몽실 언니와 새어머니는 피난을 간다. 피난 중에 새어머니는 몽실 언니의 동생 난남이를 낳고 몽실 언니는 난남이를 아주 잘 돌본다. 그러던 중 전쟁이 끝이 났지만 친아버지는 돌아오지 않는다. 결국 몽실 언니는 새어머니와 힘을 합해 열심히 일을 하며 집안을 돌보고 난남이는 무럭무럭 자라서 훌륭한 의사가 되었다. 그리고 난남이는 섬에서 의료 봉사 활동을 한다. 그러다가 실어증 환자 중에 몽실 언니와 자신의 어머니의 사진을 가지고 있는 환자를 발견하고 몽실 언니와 어머니를 모셔온다. 그 환자는 바로 아버지였던 것이다. 몽실 언니와 어머니를 만난 아버지는 말을 할 수 있게 되고 결국 온 가족이 행복하게 잘 살게 되었다.'
조금 유치한가? 그래도 이렇게 쓰고 나니깐 마음이 조금 편해졌다. 몽실 언니! 내 독후록에서나마 행복하게 살아요!

🔍 소설의 내용 중에서 마음에 들지 않는 부분을 고쳐 행복한 이야기로 바꾸었습니다. 마음에 안 드는 부분 바꿔 쓰기는 소설의 주제가 변하지 않는 범위 내에서 바꿔 써도 되고, 결말만 바꿔도 되며, 아니면 기본 골격만 유지하고 나머지 모든 것을 바꿔도 괜찮습니다.

이 작품의 주인공 '몽실'이는 수많은 고난과 어려움을 겪지만 그것을 통해 정신적으로 성장하는 모습을 보이고 있습니다. 몽실이는 새아버지의 폭력으로 다리를 절게 되고 어머니의 죽음과 전쟁을 경험하는 등 힘든 상황에서도 오히려 삶의 의지를 다지며 성숙한 자아를 가진 주체적인 여성으로 성장합니다. '비 온 뒤의 땅이 굳어진다.'라는 속담처럼 몽실이를 괴롭힌 그 많은 시련들이 몽실이를 더욱 단단한 사람으로 만들어 주고 있는 것이지요.

11 왜 아버지를 아버지라 못 불렀을까?
: 시대 배경으로 작품 보기 :

소설은 그 사회를 반영하는 거울이라는 말이 있어요. 어떤 작품이든 소설은 그것이 창작되던 당시의 시대 상황이 안에 녹아 있을 수밖에 없어요. 따라서 소설을 제대로 이해하기 위해서는 소설이 창작된 당시의 역사적 상황을 함께 살펴봐야 해요. 현실의 배경이 소설 속에 어떤 모습으로 담겨 있는지 찾아보는 일은 소설의 이해를 도와주고 주제 의식도 더 잘 느낄 수 있으며 덤으로 역사에 대한 지식까지 늘려주는 효과를 가져다 준답니다. 소설을 통해 역사도 공부하는 일석이조의 효과를 얻어 보아요.

책 제목 : 홍길동전

허균 지음/ 김탁환 역/ 창작과 비평사

홍길동전은 조선 광해군 때 허균이 쓴 소설로 우리나라 최초의 한글 소설로 유명하다. 이 작품에는 적서의 신분차이를 비판하는 내용과 부패한 정치에 대한 개혁 의지가 담겨 있다. 이 작품에 담겨 있는 내용을 통해 홍길동전이 창작된 당시의 사회상을 중심으로 살펴보겠다.

우선 홍길동이 자신을 칭할 때 어머니에게는 '소자' 라고 하지만 아버지인 홍판서 앞에서는 '소인' 이라고 하고 하인들도 홍길동을 서자라고 무시하는 내용에서는 그 당시 사회가 신분제 사회이고 적자와 서자의 차이가 있는 사회라는 걸 알 수 있다.

그리고 홍길동이 어머니에게 하소연하는 부분에서 하늘이 내려준 사람은 다 소중하다라는 이야기를 하는데 여기에서 모든 사람은 다 평등하다는 만민 평등 사상을 찾을 수 있다.

🔍 홍길동전이 창작된 당시의 시대 상황을 찾아 써 주었습니다.

🔍 소설 속에 드러난 정보들을 이용해 그 당시 사회상을 추리하고 있습니다. 소설 속의 내용과 관련된 그 당시 사회 모습을 추리해 보고 실제로 역사 자료를 통해 그것을 확인해 보는 작업이 중요합니다.

또한 홍길동이 남자로 태어나서 문과 시험을 보지 못할 바에는 무과라도 보겠다고 다짐하는 부분에서는 그 당시 사회는 과거 시험을 통해 성공하는 것이 인생의 목표였다는 걸 알 수 있다. 또한 문과를 보지 못한다면 차라리 무과라도 보겠다는 것을 통해 무반보다 문반을 더 인정하던 당시 상황을 알 수 있다.

그리고 홍길동이 도적패를 이끌어 부패한 관리를 혼내주는 부분에서는 그 당시에 탐관오리들이 부정한 정치를 펼쳐 백성들이 고통받고 그렇게 고통받은 백성들이 도적이 되는 경우가 많았다는 것을 알 수 있다.

끝으로 홍길동이 율도국으로 가서 왕이 되는 장면은 현실의 부정한 것을 다 없애버리고 새로운 질서가 생기길 바라는 그 당시 백성들의 소망이 담겨 있는 것이라고 볼 수 있다.

한 가지 홍길동전에서 아쉬운 점은 홍길동은 능력이 있는 사람임에도 불구하고 조선의 괴로워하는 백성들을 뒤로 한 채 다른 곳에서 왕이 된다는 것이다. 고통받는 백성들을 외면하고 자신만 잘 살겠다고 율도국으로 간 홍길동의 행동은 영웅답지 않은 비겁한 행동이라고 생각한다.

그 당시의 상황을 바탕으로 주인공의 행동에 대한 자신의 평가를 내려 봅니다.

생각해보기

홍길동의 행동이 과연 옳은가 그른가에 대해서는 토론할 거리가 참 많습니다. 우선 가난한 사람을 도와 의적이라고 불리기는 했지만, 사람의 목숨을 함부로 빼앗고 그들의 재산을 갈취해간 것이 과연 옳은가에 대해서 토론해 볼 수 있겠지요. 또한 불합리한 조선의 체제를 무너뜨리지 못하고, 괴로워하는 백성들을 뒤로 한 채 자신의 무리만을 데리고 외딴 섬에 들어가 나라를 세운 것이 과연 옳은가에 대해서도 토론해 볼 수 있습니다. 그리고 불합리한 신분 제도로 괴로워했던 홍길동이 율도국의 왕이 되어 두 명의 처를 거느리는 장면도 옳고 그름을 따져 볼 수 있겠지요.

안녕하세요? 전 독자입니다
: 작가나 등장인물에게 편지 쓰기 :

소설에 담긴 시대 상황을 바탕으로 소설을 제대로 이해하고, 그렇게 소설의 감상이 끝난 후에는 혼자만 '재밌었다', 또는 '재미없었다'로 그칠 것이 아니라 소설을 읽고 난 뒤 느낀 점이나 깨달은 점, 또는 아쉬운 점을 직접 작가에게 편지를 쓰거나 아니면 작품 속 등장인물에게 가상의 편지를 써 보는 것도 좋아요. 운동에서 마무리 운동이 중요하듯이 소설의 감상에서도 감상의 마무리가 중요하다는 점 잊지 마세요.

제목 : 채영신 선생님께

책 제목 : 중학생이 보는 상록수

심훈 지음/ 성낙수 역/ 신원문화사

채영신 선생님께.

안녕하세요? 저는 이제 내년에 중학생이 되는 김도한입니다. 얼마 전 친구에게서 빌린 '상록수' 책을 통해 선생님을 알게 되었어요. 선생님에 대한 이야기를 읽고 무척 감동을 받아서 이렇게 편지를 쓰게 되었습니다.
우선 일제 강점기라는 암울한 시대 상황 속에서도 자신이 해야겠다고 생각한 일을 끝까지 하려 애를 쓴 선생님의 모습에 감동했습니다. 현실의 문제를 해결하기 위해서는 공부가 제일 중요하다는 선생님의 말씀에 공감해요. 특히 청석골에서 아이들을 가르치실

🔍 **편지 쓰기 형식**
받는 사람

첫인사, 자기 소개, 편지를 쓰게 된 이유

하고 싶은 말

때 일제의 탄압으로 어쩔 수 없이 학생 수를 줄였는데 아이들이 나무 위에 올라가서라도 수업을 들으려고 노력하는 장면에서는 저도 모르게 가슴이 뭉클했어요. 선생님이 아이들에게 전해주려고 한 것들을 아이들이 알아주고 그것을 적극적으로 배우려고 하는 모습에서 선생님과 아이들의 마음이 하나가 되었구나 하는 것을 느낄 수 있었거든요. 그리고 그 노력이 결실을 맺어 결국 청석학원을 지으신 부분에서는 정말 잘 되었다 생각했는데 건축이 끝나는 날 과로와 맹장 때문에 쓰러지셔서 너무 안타까웠어요. 그리고 결국 동혁이 아저씨랑도 결혼하지 못하고 돌아가셔서 너무 속상했어요.

저는 선생님의 교육에 대한 열정을 그대로 본받아 훌륭한 선생님이 되고 싶어요. 아이들에게 지식을 집어넣어 주기보다는 지혜를 키워 줄 수 있는 그런 선생님이 되고 싶어요. 저도 선생님 같은 멋진 선생님이 될 수 있도록 잘 지켜봐 주세요. <!-- 배우고 싶은 점 -->

그러면 종종 편지 쓸게요. 안녕히 계세요. <!-- 끝인사 -->

2011. 12월 25일 김도한 올림

상록수는 일제의 식민지 수탈에서 벗어나기 위해서는 교육이 가장 중요하다는 작가 심훈의 생각이 담겨 있는 소설이에요. 특히 이 소설의 주인공 영신과 동혁은 농촌을 중심으로 아이들을 깨우치게 하려고 애를 쓰고 있습니다. 이렇게 농촌을 중심으로 가르침의 중요성을 주장하는 운동을 농촌 계몽 운동이라고 해요. 그 당시 민중과 함께 일제에 저항해 나가는 '브나로드' 운동이 일제의 탄압에 의해 좌절되자 소설로라도 농민들을 계몽하려는 심훈의 의도가 숨어있는 소설입니다.

와! 나랑 똑같네!
: 내 경험 써보기 :

　소설은 현실에서 있음직한 일을 꾸며낸 이야기라고 했죠. 소설 속에 나오는 등장인물도 현실 속의 사람들처럼 고민하고 싸우고 화해하며 소설을 이끌어가고 있는 거예요. 따라서 소설 속에 나오는 사건들은 허무맹랑한 이야기가 아니며 여러분들도 살면서 충분히 경험해 보았거나 앞으로 경험할 수 있는 이야기예요. 소설 속에 나오는 사건과 비슷한 경험을 한 적은 없는지, 소설 속의 주인공과 같은 생각을 해 본 적은 없는지 곰곰이 자신을 돌이켜 보세요. 소설을 통해 나의 삶을 한 번 더 생각해 보는 좋은 기회를 얻을 수 있답니다.

책 제목 : 자전거 도둑

박완서 지음/ 휴이넘

　'자전거 도둑'은 시골에서 올라온 16살 소년 수남이가 도둑질 때문에 교도소에 들어간 형 대신에 돈을 벌기 위해 서울에 올라와서 겪는 이야기이다. 청계천 세운상가 뒷길의 작은 철물점에 취직한 수남이가 어느 날 다른 가게에 수금을 나갔다가 바람에 자전거가 날아가 고급차에 흠집이 났는데 자동차 주인이 자전거를 내놓거나 5000원을 가져오지 않으면 자전거를 주지 않겠다고 협박을 한다. 자전거를 버릴 수도 없고 물어줄 돈도 없는 수남이는 결국 몰래 자전거를 들고 도망쳐 온다. 자신이 도둑질했다는 생각에 눈물을 흘리며 고민하던 수남이는 자신이 자전거를 훔쳐온 행동에 대해 오히려 칭찬하는 주인아저씨에게 실망하고, 절대 도둑질만은 하지 말라던 아버지의 말을 떠올리며 다시 고향으로 내려간다

> 주요 사건을 중심으로 사건을 나열하고 있습니다. 특히 소설의 구성 단계에 맞추어 요약함으로써 갈등의 큰 줄기가 잘 드러나고 있습니다.

는 내용이다. 이 글에 나오는 수남이는 여러모로 나를 부끄럽게 만드는 아이였다.

우선 고백하자면 나도 도둑질을 한 경험이 있다. 초등학교 3학년 때 나는 연필 모양의 큰 지우개를 자랑삼아 들고 다녔다. 아이들은 모두 내 지우개를 부러워했는데 어느 날 내 앞자리에 앉은 친구가 내 것보다 더 큰 주사위 모양의 지우개를 들고 온 거다. 그러자 아이들은 내 지우개는 별로 안 좋은 거라며 그 친구의 지우개를 부러워하기 시작했다. 샘이 난 나는 쉬는 시간에 몰래 그 친구의 지우개를 훔쳐 집에 오는 길에 하수구에 버려 버렸다. 하지만 그때 난 '이제 그 친구가 잘난 척 못 하겠지.' 라는 생각만 하고 내가 도둑질했다는 죄책감을 갖지 않았다. 그리고 나중에 그 친구에게 내가 훔쳤다는 얘기도 하지 않고 사과도 하지 않았다. 그래서 책 속의 수남이가 죄책감을 느껴 눈물까지 흘리는 부분에서 부끄러워 책장을 넘길 수가 없었다.

또 한 가지 나를 부끄럽게 한 점은 수남이는 어린 나이에 가족을 위해 혼자 서울에 와서 일을 했다는 점이다. 그런 힘든 상황에서도 열심히 일하고, 자신의 잘못에 죄책감을 느낄 줄 알고, 영악한 사람들이 사는 서울에서 영악하게 변해가며 사는 것보다 자신의 고향에서 순박하게 살아갈 결심을 하고 용기 있게 집으로 내려가는 수남이의 모습은 참을성 없고, 투정 부리기만 잘 하는 내가 본받을 점인 것 같다.

> 🔍 소설의 주요 사건과 관련된 자신의 경험을 솔직하게 이야기해 주고 있습니다.

> 🔍 소설 속 주인공의 행동과 자신의 행동을 비교하여 자신의 행동을 반성하고 있습니다.

소설은 갈등의 문학이라고 합니다. 갈등이란 칡과 등나무가 서로 얽히는 것처럼 등장인물들이나 환경이 서로 대립하거나 충돌하는 것을 말해요. 소설의 갈등은 크게 두 가지로 나누어지는데 한 개인의 마음속에서 일어나는 갈등을 내적 갈등이라고 하고, 개인과 외부와의 관계에서 일어나는 갈등을 외적 갈등이라고 합니다. 이 작품에서 수남이의 자전거 때문에 차에 흠집이 난 차주인이 수남이에게 협박하는 부분은 수남이와 차 주인 사이의 외적 갈등이 드러나 있고, 수남이가 자전거를 훔친 후 괴로워하는 부분에는 내적 갈등이 잘 드러나 있습니다.

아, 너무 부끄럽다
: 깨달은 점 중심으로 쓰기 :

    소설을 읽을 때 우리는 자연스럽게 주인공이나 등장인물의 생각과 행동을 평가하게 돼요. 이런 점은 본받을만 하다거나 이런 점은 나쁘니까 조심해야겠다는 식으로 자신도 모르는 사이에 세상을 살아가는 지혜를 깨닫게 되는 것이에요. 이것은 독후 활동에서 가장 중심이 되는 부분으로 이 세상에 책이 존재하는 이유가 된답니다. 글을 읽으며 순간순간 드는 생각을 메모해 보고 소설 속에 등장하는 인물에게서 배울 것이 있다면 적극적으로 배우도록 애를 써 보세요. 또는 소설 속 인물에게서 부정적인 면을 발견했다면 혹시 나는 그렇지 않은지 반성해 보아요. 이런 과정을 거쳐 자신의 내적 성숙을 이뤄낼 수 있답니다.

책 제목 : 당나귀는 당나귀답게

아지즈 네신 지음/ 이난아 역/ 푸른숲 번역서인 경우에 번역가 이름도 써 줍니다.

  '당나귀는 당나귀답게'라는 책은 겉으로 보기에는 아름답고 감동적이지만 더 깊게 생각해 보면 속에 큰 뜻을 품고 있는 14가지 이야기들로 이루어져 있다. 작가가 동물들, 심지어 무화과씨 같은 소재를 이용하여 제국주의와 종교 갈등에 대한 비판을 이끌어낸 것이 인상 깊었다. 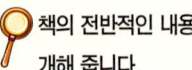 책의 전반적인 내용을 소개해 줍니다.

  그 중 가장 마음에 와 닿은 이야기는 어느 도심 속의 똥파리 이야기였다. 젊은 똥파리는 도심의 반지하 집에서 늙은 파리떼와 함께 사는데, 갑갑한 반지하 집에서 벗어나기 위해 안간힘을 쓴다. 그 젊은 똥파리가 연구한 방법은 바로 유리창을 깨고 통과해 나가는 방법이었는데, 그 똥파리는 그런 무모한 방법으로는 절대 나갈 수 여러 편의 이야기 중 가장 인상 깊었던 이야기 한 편을 골라 그것에 대한 감상을 자세히 씁니다.

없다는 늙은 똥파리들의 만류에도 계속 유리창을 향해 전력질주 한다. 그러다가 결국 젊은 똥파리는 그렇게 빠른 속도로 부딪히기를 반복하다가 몸 전체가 갈기갈기 찢어지면서 죽고 만다.

이 이야기를 보며 나는 내 자신이 너무 부끄러워졌다. 사실, 나는 다른 사람들이 잘 알지 못하는 병을 가지고 있다. 바로 '내가 제일 잘났어' 병인데, 요즘 들어 특히 그 병이 악화되었다. 나는 평소에 속으로 내가 이 세상에서 제일 잘났다고 생각하곤 했다. 다른 사람들이 나보다 더 잘한다고 생각되는 일을 하면, 나는 속으로 '흥, 까짓것 내가 조금만 노력하면 쟤를 뛰어넘는 건 누워서 떡 먹기야'라고 생각하기 일쑤였다. 계속 그런 생각을 가지면서 나는 점점 머릿속으로만 노력을 하게 되었다. 내가 언제든지 마음만 먹으면 무엇이든 잘 할 수 있다는 생각에 몸으로 노력하지 않고 나를 방치해 두었다. 어쩌면 이제 나는 몸으로 실천하는 노력이 익숙지 않아서 진짜 피나게 노력하는 것이 두려워져 노력하지 않는 것일 수도 있다. 내가 살면서 정말 '피나는 노력'을 했다고 말할 수 있는 일들 없이 진짜 노력은 하지 않은 채 계속 후회만 하는 것이다. 그래서 이제는 진짜 몸으로 노력해야겠다는 지금의 다짐을 내가 지킬 수 있을까 하는 의심이 들기도 한다. 이렇게 항상 생각만 하는 나보다, 자신의 몸을 갈기갈기 찢어가며 자신의 목표를 위해 몸을 사리지 않고 죽기 살기로 노력한 똥파리가, 그 하찮은 똥파리가, 나보다 더 커 보일 뿐이었다.

> 글을 읽으며 새로 깨닫게 된 점이나 내 삶에서 반성할 점들을 중심으로 적어 봅니다.

 이 책에 나오는 14편의 이야기는 동물의 세계를 다루고 있는 이야기가 대부분입니다. 하지만 이것은 겉으로 보았을 때 그럴 뿐 그 안을 들여다 보면 동물을 이용해 사람들의 이야기를 하고 있다는 것을 알 수 있습니다. 이렇게 주제와 직접적인 상관이 없어 보이는 다른 이야기를 통해 작가가 숨은 주제를 드러내는 이야기를 우화라고 합니다. 이 책도 동물의 이야기를 통해 인간의 권력에 대한 욕심이나 나라 사이의 갈등을 은근히 드러내고 있습니다.

나도 주인공 할래
: 책 읽고 내 인생의 목표 세우기 :

드디어 문학 작품을 읽고 독후록 쓰기의 최종 목적지까지 왔어요. 우리가 문학 작품을 읽는 궁극적인 이유, 문학 작품을 읽은 후 독후록을 쓰는 궁극적인 목적이 바로 더 나은 삶을 살기 위해서예요. 소설 속 등장인물의 생각이나 행동, 그리고 소설 속에서 일어나는 사건들에 대한 등장인물의 대처 방식, 다른 등장인물과의 갈등과 그 해결 과정. 이 모든 것이 우리의 삶을 더 잘 살 수 있는 방법을 간접 체험하게 해 주는 우리 삶의 방향 지침서와 같은 것이지요. 소설을 읽는 재미와 더불어 내 인생의 목표를 탐색해 볼 수 있는 소설 읽기의 최종 단계를 즐겁게 해 보아요.

책 제목 : 노인과 바다

어니스트 헤밍웨이 지음/ 황종호 역/ 하서 번역서인 경우에 번역가 이름도 적어 줍니다.

'노인과 바다'는 나에게 간단한 말로 요약하기 힘든 깊은 감동과 깨달음을 준 소설이다. 84일 동안을 허탕을 치다가 마침내 85일째 되는 날에 끈질긴 사투 끝에 거대한 물고기를 잡은 어부 산티아고는 말 그대로 자신의 꿈과 목표를 이루기 위해 무엇도 포기하지 않는 강인한 의지를 가진 사람이다. 그는 힘겹게 잡은 물고기를 끌고 돌아오는 길에 상어떼와 대결을 하게 되고 결국 그가 돌아왔을 때 배에는 물고기의 뼈만 남아 있지만 그는 만족한다. 내가 감동한 부분은 바로 이 부분이다. 목숨을 걸고 싸운 끝에 얻은 물고기가 뼈밖에 남지 않았음에도 만족하는 산티아고의 태도. 산티아고가 말한 사람은 죽더라도 지지는 않는다는 말의 의미가 오래도록 가슴 깊은

> 소설의 내용을 요약할 때 자신에게 깊은 감동을 준 부분을 꼭 넣어 줍니다.

곳에 남아 울림을 주고 있다.

나는 지금까지 살아오면서 어떤 목표든 그것이 실현되어야만 의미가 있다고 생각해왔다. 그리고 내가 세운 목표를 내가 실현하지 못하면 그것이 인생의 패배자라고 생각했다. 하지만 산티아고는 결과보다는 자신의 목표를 위해 끈질기게 싸웠던 그 순간 자체를 소중하게 생각하고 그것에 만족을 느끼며 살아있는 순간은 패배하지 않기 위해 끈질기게 자신을 방해하는 세력들과 싸워나가는 치열한 삶의 모습을 보여주고 있다. 목표가 현실화되지 않아도 목표를 이루기 위해 열심히, 최선을 다해 노력한다면 그것 자체로도 의미가 있다는 것이다.

🔍 소설 속 주인공의 삶의 태도와 자신의 삶의 태도를 비교해 봅니다.

이제 나는 나의 인생의 목표를 새로 설정하기로 했다. 무엇 무엇을 하겠다, 또는 무엇 무엇이 되겠다는 '결과'로 목표를 세우는 것이 아니라 무엇 무엇을 하기 위해 또는, 무엇 무엇이 되기 위해 이렇게 저렇게 하겠다는 목표를 이루기 위한 '과정'에 초점을 맞춰 목표를 세우기로 한 것이다. 그리고 그 과정을 성실하게 잘 이행했을 때 덤으로 따라오는 것이 결과라고 생각하기로 했다. 그래서 산티아고처럼 절대로 패배하지 않는 그런 끈질기고도 강인한 삶을 살아가고 싶다.

🔍 소설 속 등장인물의 행동에서 깨달은 점을 바탕으로 자신이 세운 자신의 목표를 적어 봅니다.

이 작품에는 많은 상징이 숨어있습니다. 상징이란 하나의 구체적 사물이 그 안에 또 다른 의미를 품고 있는 것을 의미합니다. 하나의 사물이 다른 의미를 담고 있다는 점에서 비유와 비슷하지만 비유는 겉으로 드러난 대상이 속에 품고 있는 의미가 단지 하나이지만 상징은 겉으로 드러난 대상이 여러 의미로 해석될 수 있습니다. 이 작품에 드러난 대표적인 상징은 산티아고가 꾸는 사자꿈인데 특히 마지막 장면에서의 사자꿈은 사자의 용맹스러움과 힘을 상징하기도 하고, 자신의 목표를 이루기 위해 포기하지 않는 끝없는 도전을 상징하기도 합니다.

상위권 학교 진학 준비
- 논·구술 대비
독서포트폴리오

상위권 학교에서는 우수한 학생이 입학하길 원해요. 그렇기 때문에 우수한 내신성적을 필수조건으로 보지요. 하지만 내신성적이 충분조건은 아니랍니다. 상위권 학교 진학원서를 제출하는 학생들의 성적이 대부분 우수하기 때문에 논·구술 능력 등이 합격 당락을 좌우하기도 해요. 논·구술 능력은 단기간에 향상되는 능력이 아니란 사실 잘 알고 있죠? 평소 꾸준한 준비가 필요한 영역이에요. 논·구술 대비 독서포트폴리오 장에서는 실제 중학교 선배(봉은중) 조안나양이 쓴 예문을 실었어요. 안나는 글쓰기에 대한 자신감이 부족해 자신의 생각을 쓰는 것을 무척 어려워했던 친구예요. 하지만 독서포트폴리오 쓰기 습관을 통해 수차례 글쓰기 상을 수상할 정도로 글쓰기를 잘하게 되었어요. 꾸준한 독서포트폴리오 쓰기 습관만으로 '누구나 글을 잘 쓸 수 있다'는 좋은 교훈을 남긴 안나 선배의 독서포트폴리오를 통해 논·구술을 대비해 보아요.

나 찾기 놀이
: 정체성에 대해 고민하기 :

 책 속에 숨은 '나'를 찾아보아요.

　책 속에는 수많은 '나'가 들어 있어요. 책을 읽으며 과거의 나, 현재의 나, 미래의 나의 모습들을 적극적으로 찾는 훈련은 앞으로 학업목표를 분명하게 할 뿐 아니라 나의 미래를 반짝이게 해줄 거예요. 상위권 학교에서 논·구술 문제 단골손님으로 수시로 등장하는 것이 바로 '정체성'에 관련한 주제예요. 책 속에 담긴 '나'를 찾아보아요. 내가 누구인지에 대한 고민은 나를 진지하게 돌아볼 수 있는 기회를 제공할 거예요.

책 제목 : 꽃들에게 희망을	지은이/출판사 : 트리나포올로스/시공주니어
읽은 날짜 : 2011년 2월 6일	재미 : ★★★★☆

　사회 교과서에서 자아정체성에 대해 배운 적이 있다. 오래 전부터 '자아'란 단어를 많이 들어보았고 사전적 의미에 대해서도 기록해 본 경험이 있다. 하지만 진정으로 자아가 무엇인지에 대한 물음에 고민을 해본 적은 없다. 문득 시험지에 나온 질문보다 나에 대한 질문이 더 어려울지도 모르겠다는 생각이 들었다. 이런 생각이 '꽃들에게 희망을'이란 책으로 손길을 이끌었다. 너무도 유명한 책이고 글밥이 낮아서 어린아이들이 읽는 책이라고만 생각했는데 나에 대한 질문에 대해 진지하게 고민할 수 있는 깊이 있는 책이었다.
　어릴 적 그림책 읽듯이 책을 술술 넘기며 다 읽은 후, 애벌레들의 이야기가 현재 우리들의 삶과 똑같다고 느껴졌다. 풀잎을 먹고 자라기만 하는 것에서 벗어나 새로운 무언가를 찾으려 하고, 다른 애벌레들을 누르고 밟으며 정상에 올라서려 하는 것이 우리 삶과 많이 닮아 있었다. 결국

호랑 애벌레와 노랑 애벌레는 다른 애벌레들과 경쟁하며 올라가는 것을 포기하고, 나비가 되어 쉽게 구름 위 세상을 구경한다. 두 애벌레가 목표를 포기하고 다시 내려가기로 결정하기까지 수많은 생각들을 했을 것이다. 하지만 결국 나비가 되었고 꽃들에게 희망을 주는 존재가 되었다.

애벌레의 과정은 어쩌면 '지금의 나'를 뜻하는 것일지도 모른다는 생각이 들었다. 그러자 책 속에 나온 내용처럼 나도 나비가 될 수 있을 거란 희망을 품을 수 있게 되었다. 지금은 다른 친구들보다 영어 단어를 하나 더 외워야 하고 다른 친구들보다 더 좋은 점수를 받기 위해 밤늦게까지 공부하는 고달픈 삶을 살고 있지만 이 상황을 잘 이겨내면 커다란 날개를 가진 나비가 되어 구름 위 세상을 마음껏 구경할 수 있으리란 확신이 들었다. 그러려면 내가 현재 잘 할 수 있고 또 해야 하는 것들을 적극적으로 찾아야겠다는 생각도 들었다.

나에 대한 진지한 고민이 나를 발견할 수 있는 가장 좋은 방법인 것 같다. 공부에 치여서 내가 누구인지, 내가 왜 태어났는지, 내가 공부해야 하는 이유가 무엇인지 이런 것들은 별로 중요하지 않은 일이라고 생각했는데 이 책을 읽고 나니 내가 반짝반짝 특별한 존재일지도 모른다는 사실이 느껴졌다.

나는 지금 힘겨운 번데기의 과정을 겪고 있지만 곧 멋진 나비가 될 것이다. 앞으로 나는 멋진 나비가 되기 위해 최선을 다할 것이다. 꽃들에게 희망을 주는 그런 존재가 되기 위해서 말이다.

나를 발전시키는 원동력
: 나의 목표 생각하기 :

 나의 다짐을 담아 미래의 모습을 구체화시켜 보아요.

　입시에서 중요하게 보는 것 중 하나가 바로 '목표'예요. 어떤 목표를 가졌고 목표를 위해 어떤 노력을 하고 있는지 등을 중요하게 생각하지요. 목표가 분명한 친구에게 우수한 점수를 주는 것은 너무나 당연한 일이에요. 목표가 있는 사람들은 끊임없이 자신을 발전시키는 능력을 갖추고 있거든요. 나를 돌아보고, 반성하고 발전시키는 능력이야말로 미래사회에서 원하는 인재랍니다. 가까운 미래를 상상하며 나의 다짐을 담아 보아요.

책 제목 : 스무 살을 부탁해	지은이/출판사 : 이시다이라/ 노블마인
읽은 날짜 : 2011년 5월 19일	재미 : ★★★★☆

　최근 TV에서는 '위대한 탄생', '슈퍼스타 K' 등 오디션 프로그램들이 한창 인기몰이 중이다. 그 중에서 내가 자주 시청하는 프로그램은 MBC의 신입사원인데, 말 그대로 MBC의 신입사원이 될 새 아나운서를 TV 프로그램으로 공개 채용하는 것이다. 지원자들에게는 1차적으로 정확한 발음이 요구되고, 그 후로 여러 가지 미션을 수행해야 한다. 내가 가장 인상깊게 보았던 부분은 자기소개 미션이었다. 제한시간 안에 자신을 표현할 수 있는 물건 하나를 가져오는 것인데 리코더, 수세미, 중국집 철가방, 심지어 버려진 컵라면 용기 등 다양한 물건 등을 볼 수 있었다. 그 물건들을 가지고 시나 글로 자기를 표현하면, 현직 아나운서들로 구성된 심사위원들이 날카로운 질문을 던진다.

'스무 살을 부탁해' 라는 책은 언론사 취직을 위해 취업 동아리를 결성한 6명의 이야기이다. 대부분 방송국이나 출판사로 면접을 보러 가는데, 나도 고등학교 진학을 위해 면접을 받을 생각을 하면서 읽으니 참 글자 하나하나가 피부에 톡톡 와 닿는 느낌이었다. 막연하게 상상만 해오던 면접이 어떤식으로 진행이 될지 가슴이 막 두근두근 뛰었다. 날카롭게 지적하는 질문에는 어떻게 임기응변을 할지, 내가 심사위원들에게 주눅들지 않고 자신감 있는 모습을 보여줄 수 있을지도 고민이 됐다. 막상 내가 면접 현장에 있다면 아무말도 못하고 꽁꽁 얼어버릴까봐 걱정이 됐다.

내가 가고 싶은 학교는 구술면접이 무척 중요한 변수로 작용하기 때문에 책속 면접 장면이 나의 상황처럼 느껴졌다. 나는 불현듯 면접준비를 해봐야겠다고 생각했다. 평소에는 말을 잘 하는 편이지만 다른 사람들 앞에서는 긴장을 많이 해 우물우물 말하는 습관이 있기 때문이었다. 나는 벌떡 일어나 OO학교 면접장에 서 있다고 상상했다. 내 모습이 거울 속에 비췄다. 밝은 인상에 에너지가 넘치는 모습이라고 생각했다. 싱긋 미소를 짓자 양쪽에 작은 보조개가 쏘옥 패였다. '이렇게 웃어야지!' 면접을 볼 때에는 자신 있고 활짝 웃는 모습이 중요하다고 들은 적이 있어 나는 이렇게 다짐했다.

상상속에서 나는 면접관도 되었다가 학생이 되기도 했다. 굵직한 목소리로 면접관이 되어 질문을 하기도 했다가 긴장되는 표정으로 학생이 되어 면접관들의 질문에 답하기도 했다. 연습을 하다 보니 내가 낸 돌발 질문에 당황해 엉뚱한 소리를 내뱉기도 했다. 진학 관련 카페에 고등학교 면접 후기를 올린 선배의 글이 떠올랐다. 독서활동 질문 때 집요하게 파고들어 당황했다는 내용과 시사문제가 너무 어려워 횡설수설 답변해 '난 망했다' 는 제목의 글이었다. '난 그러면 안되는데……' 그 선배처럼 될까봐 조금 걱정이 되었다. 나는 앞으로 좀더 독서활동을 열심히 하고 짬짬이 신문을 보며 시사능력을 키워야겠다는 다짐을 했다. 고등학교 합격이 상상속 이야기가 아니라 현실이 되기 위해 최선을 다해야겠다.

두 눈을 크게 뜨고
: 주변 환경에 관심갖기 :

 나의 경험에 비추어 대안을 생각해 보아요.

　사소한 현상, 상황에도 관심을 갖는 태도가 논·구술 능력을 키우는 첫걸음이예요. 내 주변을 돌아보아요. 가족 관계, 친구 사이, 학교 등에서 어떤 문제들이 존재하고 있는지? 그 문제에 대해 나는 어떤 생각을 갖고 있는지? 해결할 수 있는 대안은 없을지 등을 생각해 보는 거예요. 이때 중학선배 안나처럼 나의 경험에 비추어 문제의 대안을 생각해 보는 적극성이 필요하답니다.

책 제목 : 열다섯 살 하영이의 스웨덴 학교 이야기	지은이/출판사 : 이하영/양철북
읽은 날짜 : 2011년 12월 25일	재미 : ★★★★☆

　4학년부터 5학년 때까지 1년 동안 캐나다 국제학교에 다녔던 적이 있다. 그곳에서는 수업내내 공부를 하는 것이 아니라 논다는 기분이 들 정도로 즐기며 수업했다. 예를 들면 국어를 배울 때는 학생들이 모두 칠판 앞으로 나와서 보드마카를 하나씩 들고 자유롭게 자신의 오늘 기분이나 생각들을 적었고, 과학을 배울 때는 책에 나온 실험들의 약 4분의 3을 실험했을 정도로 다양한 실험을 체험했다. 또 개별적으로 하는 활동보다는 항상 여럿이 한 팀을 만들어 협동하며 학습활동을 진행했다. 그리고 수업시간 이후 약 20분간은 모든 학생들이 교실 바깥에 나가 쉬는 시간을 즐겼다. 이는 교실에서만 앉아있지 말고 나가서 뛰어 놀도록 유도한 것이었다. 신나고 자유로운 수업 분위기 속에서 공부하다가 다시 한국으로 돌아왔을 때 나는 꽤 많은 적응시간이

필요했다. 국제학교에서는 구구단을 외울 정도의 실력만 갖추면 되었던 수학 과목은 진도를 따라가기가 너무 어려워서 짜증도 많이 냈었다. 또 수업시간 동안 자유롭게 돌아다닐 수 있던 국제학교 생활과 다르게 40분간 엉덩이에 풀을 붙인 듯 앉아있어야 하는 상황이 힘들게 느껴졌다.

15살 스웨덴에서 공부했던 이하영이라는 언니의 스웨덴 학교생활은 지난 국제학교 수업시간을 회상하게 했다. '열다섯 살 하영이의 스웨덴 학교 이야기' 작가는 스웨덴에서 소피에룬드와 에즈베리 학교에 다녔는데, 이곳 역시 내가 다녔던 학교와 학습방식이 비슷했다. 보물찾기를 통해 상식들을 알아가고, 팀끼리 ppt를 만들어 발표를 했다. 또 자유롭게 토론하기도 했다. (물론 이 언니는 7학년이었기 때문에 좀 더 전문적이고 어려운 것들을 공부했겠지만.) 경쟁하지 않으면 낙오되는 우리나라의 경우에는 잘 필기된 교과서나 노트를 잃어버릴까봐 사물함에 넣은 뒤 자물쇠를 꽁꽁 걸어놓는다. 우리나라의 교육 현실과 참 다르다는 생각이 들자 스웨덴에서 공부하는 하영언니가 참 부럽게 느껴졌다.

나는 한국의 경쟁 중심의 수업을 부추기는 학교생활 속에서도 우리들이 조금이나마 숨쉴 수 있는 시스템을 만들어 주어야 된다고 생각한다. 예를 들면, 학교 가는 매주 토요일마다 인기 상영되는 영화를 틀어준다든지, 또한 한 달에 한 번씩 연극, 박물관에 가는 문화 체험을 할 수 있도록 배려해 주면 좋을 것 같다. 내가 다녔던 국제학교처럼 쉬는 시간에 교실문을 잠궈서 학생들이 무조건 밖에 나가 뛰어놀 수 있도록 권장하는 것도 좋은 방법일 것 같다. 학생들이 과도한 공부 스트레스를 해소할 수 있는 약간의 배려만 있다면 조금 힘들어도 공부할 맛이 날 것 같기 때문이다.

스웨덴은 15세 창의력 테스트(TTCT)에서 세계 일등을 하는 나라라고 한다. 어쩌면 스웨덴의 자유롭고 개방적인 수업방식이 창의력을 높이는 계기가 되었지 않나 하는 결론을 내리게 되었다. 우리나라도 선진 교육방식에서 배울 점을 찾고 적극 도입하는 나라가 되었으면 좋겠다.

논·구술의 기본기 다지기
: 교과관련 책읽기 :

 작품의 이해와 감상내용을 정리해 보아요.

많은 대학이 논술시험에서 교과서의 지문을 제시문으로 활용하고 있어요. 논 구술 문제로 주로 등장하는 주제들은 이미 교과 교육과정 안에 포함되어 있어요. 교과관련 책읽기를 꾸준히 하며 작품의 이해와 감상내용을 정리하는 노력은 논·구술 능력을 향상시킬 수 있는 아주 좋은 방법이에요.

책 제목 : 벙어리 삼룡이	지은이/출판사 : 나도향/신원문화사
읽은 날짜 : 2011년 10월 23일	재미 : ★★★★☆

예전에 교과서에서 〈벙어리 삼룡이〉를 읽은 적은 여러 번 있었지만 그때는 지금같은 깊은 이해와 감동(?)을 받은 적이 없었다. 사람은 나이에 따라 책을 읽고 이해하는데 차이가 있다는 것을 느꼈다. 그래서 사람의 경험들에 따라 이해와 감상이 달라지므로 여러 번 읽으면 다양한 감상을 할 수 있을 것이라는 생각이 들었다.

무엇보다도 필연성 있는 사건의 전개가 더 이야기를 완벽하게 만들어 준 것 같다. 오생원이 그의 삼대독자 아들을 너무 애지중지 키우는 바람에 아들은 버릇없는 성격으로 성장했다. 장가를 들어서도 사랑스러운 색시에게 폭력을 일삼는 모습에 벙어리 삼룡이는 화가 났고 삼룡이를 안타깝게 여기는 새색시를 의심하고 폭력을 휘두르는 아들에게 분노를 느끼는 삼룡이의 모습에 누구나 공감할 수 있게끔 그려졌다.
 키는 아주 작은 땅딸보에 고개는 몸뚱이와 대강이가 달라 붙어 있고 얼굴은 못생기고 입이 큰 그야말로 한 마리의 두꺼비와 다름없는 삼룡이는 주인과 작은 주인에게 항상 충성하고 부지런하며 조심성이 있다. 그는 말도 못하고 맨날 얻어맞는 것이 일과인 그의 생활을 천직이라 생각하고 오생원의 집이 자기의 유일한 보금자리라고 생각하며 분노를 삼키고 작은 주인에게 순정하면서 살아간다. 하지만 새색시가 들어온 후 벙어리 삼룡이는 자신도 알게 모르게 새색시에 대한 연모와 애정을 느낀다. 여러모로 새색시와 비교되고 새색시보다 못하다는 말을 항상 듣는 작은 주인은 새색시에게 악한 감정을 가지고 학대하며 정신적, 육체적 고통을 준다. 항상 작은 주인에게 맞으면서도 자기가 못났기 때문에 그렇다고 생각하면서 꾹꾹 눌러 참는 삼룡이는 감히 눈길을 보내기조차 황송하고 숭고한 새색시를 때리는 작은 주인에게 분노를 느끼고 새색시에게 동정심과 지켜주고 싶은 마음이 든다. 결국 작은 주인은 삼룡이를 오해하여 집에서 쫓아내며 나가! 라고 소리친다. 자기의 유일한 보금자리이며 기댈 곳이라고 생각해 온 오생원의 집에서 쫓겨나면서 삼룡이는 배신감을 느끼며 이 집안 사람들 모두 자기의 원수라고 생각한다. 그 후 삼룡이는 집에 불을 지르고 새색시와 평소 자신에게 잘 대해주던 오생원만 구하고 자신의 살이 불에 데여 쭈그러지고 탄 것도 모르며 행복한 죽음을 맞이한다.
 평소 '죽음' 이라고 하면 우리는 흔히 나쁘고 좋지 않게 생각한다. 하지만 삼룡이에게 죽음은 오히려 자신에게 행복한 결말을 가져다 주었다. 참았던 분노를 한꺼번에 터트린 일종의 감정 표현이라고 할 수 있다. 또한 혼자 사랑을 주고 자기만의 사랑을 간직했던 사랑의 감정 표현을 처음으로 시도할 수 있도록 한 행위이다. 죽음만이 오직 자신과 새색시에게 행복을 가져다 줄 것이라고 생각한 삼룡이의 마음을 나는 여러 번 이 이야기를 읽었음에도 불구하고 이제야 처음으로 이해했다고 생각했다.

건강한 시민이 될래요
: 올바른 문화의식 갖기 :

 주장을 정리하고 근거를 제시해 보아요.

　인터넷 문화가 '좋은 문화'로 자리잡기까지는 문화를 생산하는 사람들의 관심과 올바른 의식이 필요해요. 새롭게 탄생한 문화로 인해 발생한 문제와 현상에는 어떤 것들이 있는지? 그 문제와 현상에 대해 나는 어떤 생각을 갖고 있는지 나의 의견을 정리해 보고 나름의 근거를 제시해 보아요. 논리적 사고를 키울 수 있답니다.

책 제목 : 트루먼 스쿨 악플 사건	지은이/출판사 : 트리나포올로스/시공주니어
읽은 날짜 : 2011년 7월 15일	재미 : ★★★★☆

　트루먼 스쿨 악플 사건을 읽으면서 몇 년 전 악플로 인해 우울증에 걸려 안타깝게 세상을 떠난 故최진실 씨가 생각이 났다. 그녀 뿐 아니라 악플은 수많은 배우의 목숨을 앗아갔다. 악플은 사람의 마음을 고통스럽게 하고 결국에는 비극적인 상황을 만들 수 있는 끔찍한 행위임을 트루먼 스쿨 악플 사건을 통해 다시 한 번 실감할 수 있었다. 악플이 만들어 낸 비극적인 사건들로 인해 인터넷 실명제를 도입해야 한다는 목소리가 커졌다. 과연 인터넷 실명제를 도입하는 것은 옳은 일일까?
　많은 사람들이 인터넷 실명제가 개인의 익명성 보장을 침해할 수 있기 때문에 실행되지 말아야 한다고 주장한다. 하지만 이런 악성 댓글들이 누군가에게 상처를 줄 수 있고 극단적인 선택으로 인해 주변사람들까지 고통스럽게 할 수 있다는 생각을 떠올리자 나는 인터넷 실명제를 도입하는 것은 옳은 일이란 결론에 이르렀다.

서로의 얼굴을 보지 않는 사이버 공간 특성상 심심풀이로, 또는 재미로, 또는 앙심을 품고 잘 알지도 못하는 사람들에 대해 떠들어대고 험담을 늘어놓는 행위에 대해 가책을 느끼지 못할 수 있기 때문이다.

인터넷 실명제를 도입하게 되면 자신의 이름이 그대로 노출되기 때문에 자신의 의견을 말할 때 책임감을 느낄 수밖에 없다. 그렇게 되면 익명성이 보장될 때에 비해서 조금 더 신중한 태도로 말할 수 있기 때문에 악플로 인해 생길 수 있는 문제를 해결할 수 있다.

대부분의 사람들은 여러 사람들이 지속적으로 어떠한 일이 옳다고 주장하면 결국 그것이 거짓이든 거짓이 아니든 그 사실을 믿게 된다고 한다. 우리가 생각 없이 떠들어대는 자극적인 말들, 누군가를 비방하는 욕설들은 비수가 되어 그 누군가를 찌를 수 있다. 끔찍한 비수는 한 사람을 겨냥하지 않고 또 다른 사람 그리고 또 다른 사람으로 옮겨가며 끔찍한 상황들을 불러 올 수 있기 때문에 피해와 상처는 더욱 커지게 된다. 따라서, 여러 사람들이 자신의 말에 책임을 갖고 행동하는 모습이 절실히 필요하다.

더 좋은 세상을 위하여
: 법과 사회질서에 관심갖기 :

 쟁점사항에 대한 양면성을 생각해 보아요.

학교별로 출제되는 논·구술 문제의 성향에 조금씩 차이가 있답니다. 찬반 논란이 뚜렷한 주제를 선호하는 학교도 있고, 사상이나 주장, 사회나 자연현상에 대한 이해도를 묻는 학교도 있으며, 시사적, 사회적 현상을 설명하고 현상의 원인이나 해결책 제시를 요구하는 학교도 있지요. 또 양면성을 지닌 주제에 대해 수험생 개인의 생각을 논리적으로 구체화하는 문제를 내는 경우도 있어요. 그러므로 다양한 분야에 두루두루 관심을 갖고 여러 가지 스타일로 글을 풀어써 보는 노력이 필요하답니다.

책 제목 : 대한민국 10대를 인터뷰하다	지은이/출판사 : 김수천/ 동녘
읽은 날짜 : 2011년 2월 19일	재미 : ★★★★☆

담임선생님을 만나 뵈러 생활지도부실에 갔다. 그런데 중학교 3학년 오빠가 엎드려 뻗쳐 자세를 하고 빗자루로 매를 맞고 있는 장면을 본 적이 있다. 도대체 무슨 잘못을 했길래 저렇게 맞고 있는 걸까? 그 오빠는 반항에 가득찬 표정으로 인상도 찌푸리지 않고 덤덤하게 매를 맞고 있었다. 비록 내가 맞는 것은 아니지만 기분이 좋지 않았다. 그리고 그 오빠에게 체벌은 아무 효과가 없을 것 같다는 생각이 들었다.
얼마 후 서울의 학교에서 전면 체벌 금지가 실시되었다. 체벌 금지 후 교실은 그야말로 난장판이 되었다. 때리지 않으니 지각하는 애들도 조금씩 늘어났다. 선생님이 매를 들려고 하시면 한 아이가 약올리듯 "체벌 금진데."라고 말하기도 했다. 그 말을 들은 선생님은 얼굴이 토마토처

럼 빨개지더니 체벌에 대한 생각을 조회시간 동안 열변하셨다. 또 한 번은 과학시간이었는데, 우리학교가 첫 학교인 신입선생님이었다. 수업시간에 소란스러워지자 숙제를 안 한 아이들을 손바닥을 때리려 하니까 다른 애가 "때릴려면 때려봐요. 체벌 금진데~"라고 약올리듯이 말했다. 선생님은 어이가 없다는 듯 학생을 쳐다보았다.

나도 예전에 지각을 몇 번 해서 손바닥을 맞은 후 그 뒤로 지각을 하지 않았다. 많은 애들 앞에서 맞는 것이 싫었고, 아프기도 했기 때문이다. 하지만 선생님들이 때릴 수가 없게 되자 말로 해서 안 되면 옐로우 카드(벌점)를 주셨다. 하지만 벌점 제도는 내가 보기에 실제로 별 효과가 없었다. 대개 수업 분위기를 흐리는 애들은 벌점받는 것에 대해 신경쓰지 않았기 때문이다. 체벌이 금지되자 많은 학생들이 바글거리는 학교질서가 엉망이 되기 시작했다.

나는 체벌 금지가 교권을 위협한다고 하는 주장에 대해 어느 정도 공감한다. 그러나 이 책에 나온 내용에서 알 수 있듯이 과도한 체벌은 학생들에게 육체적으로 피해를 줄 수밖에 없다. 또 학생들 마음속에 영원한 상처로 남을 수도 있다. 체벌로 인해 학생의 인권이 침해당하는 것도 문제다. 학생 개개인도 사람이기 때문에 매를 맞으면 기분이 좋지 않고, 여러 학생들 앞이기 때문에 수치심을 느낄 수 있기 때문이다.

체벌에는 양면성이 있다. 과도한 체벌은 사춘기의 학생들에게 학교에 대한 반발심을 일으킬 뿐더러 청소년기에 잘못된 반항심도 키울 수 있다. 체벌은 어디까지나 훈육의 목적일 뿐이다. 그리고 '사랑의 매'와 폭력 사이를 명확히 구분해야 한다고 생각한다. 따라서 선생님들도 훈육다운 훈육을 해야 한다. 또 학원 체벌에 대해선 별 말이 없으면서 학교의 체벌은 강하게 비난하는 등 학교를 신임하지 않는 학부모들의 태도도 개선되어야 한다. 학생도 선생님도 모두 인격을 가진 존재로 서로를 존중하는 태도가 바탕이 되어야지 무조건 체벌을 금지해야 한다는 제도는 이 문제를 해결할 수 없을 것 같다.

7 나한테도 있고 너한테도 있는 것
: 인권문제 생각하기 :

 논·구술 단골주제로 대비해 보아요.

'사형제도 존폐론' 또는 '안락사 합법화' 등의 토론주제는 논·구술에서 매우 고전적인 주제예요. 교과서에서도 많이 다루어지고 있기 때문에 비교적 쉽게 접근해서 자신의 생각을 정리해 볼 수 있어요. 학교에서 친구들과 토론한 내용을 바탕으로 나의 생각을 정리해 보는 노력이 필요해요.

책 제목 : 우리들의 행복한 시간	지은이/출판사 : 공지영/ 푸른숲
읽은 날짜 : 2011년 3월 6일	재미 : ★★★★★

드라마 〈싸인〉의 연쇄살인사건을 보면서 어쩌면 나도 한순간에 그 피해자가 될 수 있을까 겁이 난다. 그래서 밤10시에 학원이 끝나고 집으로 돌아갈 때면 버스정류장에 내리자마자 뒤도 안 돌아보고 집으로 무작정 뛰어간다. 요즘 성폭행, 살인 등 흉악범죄사건이 빈번하게 일어나기 때문에 피해자가 될까 두려움에 떠는 사람이 많을 것이다. 따라서 흉악범죄자들에 대한 사형을 집행해야 한다는 목소리가 커지고 있다.

우리나라는 1997년 12월 30일 이후로 사형이 10년 이상 집행되지 않아 '사실상 사형폐지국'이다. 하지만 이귀남 법무부 장관이 청송교도소 내 사형집행 시설을 설치하고 흉악범 집중 격리 수용방침을 내놓은 이후 사형제의 부활 가능성이 커지고 있다. 하지만 나는 사형제도는 폐지되어야 한다고 생각한다. 사형제도는 결국 인간이 인간을 죽이는 '살인'의 한 종류이기 때문이다. 희생자의 인권도 중요하지만 '눈에는 눈, 이에는 이' 식의 보복형 형벌을 통해 범죄자의 인권을 박탈시키는 것은 사람을 죽이지 말라는 법을 만든 국가가 오히려 살인을 저지르는 행위로 사회윤리에 어긋난다고 생각난다.

사형제도가 폐지되면 살인과 같은 강력범죄가 더 빈번하게 일어날 것이라고 사람들은 주장하지만 실제로 유엔 인권의 조사 결과 사형제도의 존재여부가 강력범죄에 영향을 미친다는 근거를 밝혀내지 못했다. 사형제도가 강력범죄의 예방효과가 없다면 제도의 역할을 충분히 수행하지 못하는 것이다. 강력범죄를 일으키는 대다수 사람들이 빈부계층이거나 사회에 불만도가 높은 사람인 경우가 많다. 돈이면 다 되는 사회에 불만을 가지고 그 불만을 사회에 표출하는 것이다. 끔찍한 사건들이 발생하는 것은 사회가 병들었다는 증거이기도 하다. 병든 사회를 고치는 것이 우선이 되어야지 병든 사회로 인해 발생한 문제들을 차단하기만 한다고 근본적인 해결책이 될 수는 없는 것이다.

이 책에 주인공 사형수는 언제 죽게 될지 모른다는 두려움에 하루하루를 떤다. '지금 너를 괴롭히는 게 무엇이냐'는 모니카 수녀의 질문에 사형수 정윤수는 '아침'이라고 말한다. 아침에 눈을 뜨고 일어나면 그 하루가 자신이 죽는 날이 되기 때문이다. 죽음 앞에 두렵지 않은 사람은 없을 것이다. 그런 두려움을 사형수들은 아침마다 대면하고 피가 마르는 고통에 시달리게 된다. 살해는 피해자와 피해자 가족들에게 끔찍한 상처를 안겨준다. 범죄자의 살인이 피해자와 그 가족에게 커다란 상처를 주었다면 국가가 저지르는 살인도 범죄자의 가족에게 피해를 주는 것이다. '네가 피해를 주었기 때문에 나도 너에게 피해를 준다.' 식의 발상은 흉악범죄를 해결하는 데 아무런 도움이 되지 않는다. 이 세상 모든 이들의 생명은 고귀하고 소중하다. 사형제도는 감정적으로 대처해야 할 문제가 아니라 좀더 다양한 시각에서 바라봐야 할 것이다.

8 세상에 이런 일이
: 문제의식 갖기 :

 실제로 일어났던 사건에 대한 나의 생각 정리하기

　수능과 논구술 시험에서는 시사적인 소재를 활용한 문제들이 꾸준히 출제되고 있어요. 교과서적 지식에만 머무르지 않고 그 내용을 우리가 살고 있는 사회에 적용해 이해할 수 있는지 평가하고 싶기 때문이지요. 최근 핫이슈가 되었던 시사문제에 관련해서는 꼭 한 번 정리를 해보도록 해요.

책 제목 : 내가 살던 용산	지은이/출판사 : 김성희/보리
읽은 날짜 : 2011년 8월 25일	재미 : ★★★★★

　'내가 살던 용산'은 내가 2009년 용산참사에 대해 조사해 보는 계기를 마련해 준 책이다. 2009년 1월 20일, 나는 왜 그토록 매스컴에서 용산참사에 대하여 떠들어댔는지 잘 몰랐다. 그저 철거민들과 경찰의 대립이라고만 생각하였다. 뉴스에서 용산의 한 옥상 위 망루가 불타는 것, 철거민 5명과 경찰특공대 1명의 유가족이 나와 오열하는 모습을 보고 이 문제가 정말 심각하다는 것을 깨달았다. 시간이 한참 지나고서야 '내가 살던 용산'을 읽고 용산참사의 내막에 대해 알게 된 나의 무지가 참으로 죄스럽게 느껴졌다.
　용산참사의 희생자들은 철거 보상비로 터무니없는 금액인 5천만 원을 제안받았다. 보통 상인들이 가게를 이사하려면 보증금, 권리금, 그리고 시설비까지 내야 된다. 실제로 용산참사로 인해 사망한 한 분은 2억 3천만 원의 빚을 얻어서 장사를 시작해 3천만 원을 갚고 2억의 빚이 남았다고 한다. 하지만 다른 곳으로 옮기려면 또 빚을 얻어야 한다고 한다. 상인들은 장사가 생계

와 직결되어 있기 때문에 장사를 하지 않으면 살 수가 없다. 따라서 철거민들에게 충분한 보상을 해야 그 사람들도 마음 놓고 장사를 하면서 살 수 있는 것이다.

용산참사는 유가족들까지 울렸다. 원래 부검은 유가족들에게 동의를 받고 진행을 한다. 하지만 경찰은 신원파악도 하지 않은 채 바로 부검을 진행했다고 한다. 또한 경찰이 불에 타 사망했다고 밝힌 故윤용현 씨의 유가족에게 유품으로 나온 일회용 라이터 2개를 보여 주었다고 한다. 불에 탄 사람의 몸에서 일회용 라이터 2개가 나왔다는 점과 장갑을 낀 손에 지문이 그대로 남아있어 신원파악이 가능했음에도 불구하고 유가족에게 알리지도 않은 채 부검을 진행한 경찰에 대해 故윤용현 씨의 아내는 '어쩌면 남편이 불에 타 죽은 게 아니라 맞아서 죽은 것일지도 모른다'는 의혹을 제기했다.

또한 서울중앙지법은 용산참사 당시 남일당 건물 점거 농성을 주도한 혐의로 기소된 남경남 전국철거민연합회 의장에게 징역 7년을 선고했다. 재판부는 "법치주의의 근간을 흔드는 행동을 한 것은 그에 상응하는 처벌을 받아야 한다"고 설명했다고 한다. 정치인들은 법치주의의 근간을 흔드는 행동을 하면서도 개인적 영달을 위한 것이 아닌 철거민들이 강제로 이주당하는 것에 맞서 일을 벌인 남경남 전철연 의장에게 징역 7년을 선고한 것은 참 아이러니한 일이다. 만약 정부가 유가족들과 소통을 통해 이 문제를 해결하였다면 용산 참사는 일어나지 않았을까? 생각해 보면 그랬을 것 같기도 하다. 서로 한발씩 양보해가면서 대화를 통해 절충안을 만들었다면 이런 비극적인 일은 일어나지 않았을 수도 있었을 텐데 너무나 안타까운 상황이다.

⑨ 모두 함께 해요
: 환경문제에 관심갖기 :

 나의 경험담을 중심으로 써 보아요.

　논·구술 문제에서 대안을 생각해 보는 문제는 자주 출제되고 있어요. 주변에서 벌어지는 문제에 대해 문제의식을 갖고 나의 경험에 비추어 대안을 생각해 보는 훈련은 적극적으로 문제를 풀어나가는 습관을 만들어 준답니다. '환경문제'에 관련한 문제는 논·구술에서 자주 출제되는 문제이기도 하고 매년 글짓기 주제로도 나오므로 미리 준비해 보는 노력이 필요해요.

* 강남구청장상 수상작품

책 제목 : 고릴라는 핸드폰을 미워해	지은이/출판사 : 박경화 /북센스
읽은 날짜 : 2011년 12월 13일	재미 : ★★★★★

　성난 표정을 하고 있는 고릴라가 휴대폰 안테나를 들고 있는 그림이 그려진 책이었다. 꽤 두꺼운 책이라 무거워 보였는데 막상 손 위에 올려놓고 보니 굉장히 가벼웠다. 책을 스르륵 넘겨보니 누렇고 오래된 느낌의 재생지로 제작한 책이었다. 환경을 무척 생각하여 만든 책이라고 생각되었고, '고릴라는 휴대폰을 미워해'라는 제목은 책에 대한 호기심을 더욱 증폭시켰기 때문에 나는 망설이지 않고 곧바로 책을 구입했다.
　집에 도착하자마자 나는 책 속에 빨려 들어갔다. 번갯불에 콩 구워먹는다는 말이 실감날 정도로 나는 책 한 권을 순식간에 읽어버렸다. 책을 덮자 어릴 때 기억이 떠올랐다. 때는 4학년, 나는 매서운 바람이 세차게 부는 어느 겨울날, 여느 때처럼 학원에 가고 있었다. 바람이 어찌나

날카롭던지 소위 말하는 칼바람이 내 얼굴을 쿡쿡 찔러 따갑게 느껴질 정도였다. 너무나 추운 나머지 꽁꽁 얼어 있던 내 손을 조금이라도 녹이기 위해 편의점에 들려 보온기에 들어있는 따뜻한 코코아를 한 잔 샀다. 하지만 그 따뜻한 코코아도 매서운 추위를 이기기에는 터무니 없었다. 오히려 금방 식어 난 그저 미지근한 물을 들고 있는 것과 마찬가지였다. 최후의 수단으로 코코아를 버리고 최대한 열을 발생시키기 위해 있는 힘껏 빠르게 뛰어 드디어 학원에 도착했다. 조금 늦었던 나는 투명인간처럼 아주 조용하게 자리에 앉았고, 가방에서 책을 꺼내어 수업 준비를 했다. 시간이 흐르고 나는 방금까지만 해도 쿵덕쿵덕 뛰었던 가슴을 진정시키고 안정을 되찾았다. '떼구르르, 톡!' 떨어진 연필을 줍기 위해 상체를 숙이고 연필을 향해 손을 뻗었지만 손에 닿지 않았다. 다시 한 번 손을 뻗은 순간 나는 무언가 꽉 끼는듯한 느낌을 받았다. '아 불편해. 왜 이렇게 바지가 꽉 끼지?' 오늘따라 꽉 끼는 바지를 원망하며 몸을 꼬기 시작했다. 몸이 불편하자 답답한 느낌이 들었고 괜히 몸을 긁었다. 그 순간 내 눈에 포착된 삐죽 튀어나온 촌스런 핑크색 내복! '언제 나왔니?' 그제서야 나는 바지가 꽉 끼는 이유가 오늘 챙겨 입은 내복 때문이라는 것을 알아차렸고 학원에 오는 동안 편의점을 지나치고 놀이터를 지나치면서 내가 계속 이 촌스런 핑크색 내복이 삐죽 나온 상태로 길을 뛰어갔다는 사실이 머릿속을 빛보다 빠르게 스쳐 지나갔다. 나는 누가 볼새라 바지 밑으로 튀어나온 핑크색 내복을 주섬주섬 바지 안쪽으로 집어넣었다. 혹시나 또다시 핑크색 내복이 삐져 나올까 싶어 하루 종일 신경이 쓰이고 수업에 집중도 되지 않았다. 계속 바지 끝자락을 쳐다보면서 그렇게 수업은 끝났고 발걸음이 무겁게 느껴졌다. 한창 외모에 관심이 많았던 나에게 핑크색 내복은 굴욕적이었다. 그래서 그날 이후로 나에게 내복을 입히려는 엄마와 매일같이 실랑이를 벌여야 했다.
"내복 입으면 뚱뚱해 보인단 말이야!"
나는 엄마의 간곡한 부탁에 이렇게 소리를 꽥 질렀다. 화가 난 엄마 때문에 할 수 없이 내복을 입고 등교해야 할 때면 난 누군가가 내가 내복을 입은 사실을 혹시라도 눈치 챌까 신경이 바짝 곤두섰다.
잊고 있었던 내복과의 실랑이. 내복에 관련한 추억이 오늘따라 참 재미있게 느껴졌다. 나도 모르게 웃음이 풋풋 터져 나왔다. 내가 이렇게 내복과 관련한 추억이 떠올랐던 이유는 '고릴라는 핸드폰을 미워해' 라는 책에 내복 관련 내용이 나와 있었기 때문이다. 이 책에는 내복을 입으면 전쟁을 막을 수 있다고 했다. TV속 뉴스에서만 보고 듣던 군인들이 적을 향해 총을 쏘는 모습과 소리, 전쟁의 참혹함, 또 게릴라전 등 전쟁의 여러 장면들이 파노라마처럼 내 머릿속을 스쳐 지나갔고, 그 끝에는 내복하면 대표적으로 떠오르는 빨간 내복이 있었다. 과연 내복과 전쟁이 무슨 관련이 있을까? 처음에는 완전 쌩뚱맞게 느껴졌지만 결국 그 말을 실감하게 되었다. 우리가 알고 있는 대부분의 전쟁은 정치적·종교적·지리적 이유도 있지만 자원 때문에 벌어지는 것이다. 예를 들면 1994년 시작된 콩고의 내전이 장기화된 이유에서도 알 수 있다. 콩고 동부 지방에서 생산되는 광물 중에 콜탄(Coltan)이라는 광물이 있다. 콜탄은 투박한 철광석인데 이 것을 금속가루로 가공하면 탄탈륨(Tantalum)이라는 광물질이 된다. 탄탈륨은 녹는점이 높고 전기 에너지를 잘 저장하기 때문에 IT기기 분야, 특히 핸드폰을 생산하는데 핵심적인 재료로 쓰인다. 예전에는 콜탄이 1킬로에 약 40달러 정도에 불과했지만, 최근 몇 년 들어 전 세계적으로 휴대폰이 널리 보급되면서 생산량이 폭발적으로 늘어났다. 특히 우리나라, 미국, 일본의 사람들은 핸드폰 외에도 여러 전자 기기의 수요가 매우 늘면서 필수 원자재인 콜탄의 수요 역시 엄청나게 늘어나게 되었다. 그에 따라 콜탄의 값이 기존 가격의 10배가 넘게 뛰어 1킬로그램 당 400달러를 넘어섰다. 1994년 시작된 콩고 내전은 카빌라 정권과 반군인 콩고 민주회의(RCD)의 충돌에 기인한다. 이에 대항하기 위한 군사적 지원을 얻기 위해 카빌라 정권은 주위의 여러 나라에 광산, 유전 등의 지분들을 나눠 주었다. 앙골라에게는 연해 유전을, 나미비아에게는 다이아몬드 광산 지분 등을 내주었다. 반면 반군은 그들의 장악지역인 동부 지역이 콜탄의 주요 생산지였기 때문에 콜탄을 매개로 하여 전쟁 지원금을 마련했다. 우리가 자원을 낭비하며 계속 수입하는 것이 전쟁을 야기하고 지속시킨다는 것을 사람들은 알고 있을까? 조금이라도 자원을 아낀다면 참혹한 전쟁은 일어나지 않을 텐데……. 이런 의미에서 내복은 우리에게 소중한 에너지원이 되는 자원을 아낄 수 있는 가장 쉽고도 편리한 방법이다.

겨울철 적정 실내온도는 18도에서 20도 정도로 미국이 18.3도, 영국과 프랑스가 19도 정도의 실내온도를 유지한다. 그에 비해 우리나라의 겨울철 실내온도는 무려 25도나 된다고 한다. 우리나라에 온 외국인들이 가장 놀라는 것 중의 하나가 몹시 추운 한겨울에 집안에서 반팔차림으로 돌아다니는 사람들의 모습이라고 할 정도로 우리나라의 겨울철 실내온도는 높다. 석유 한 방울 나오지 않는 우리나라에서 방이 찜질방처럼 후끈후끈할 정도로 덥게 난방을 하는 것은 백 번 옳지 않은 일이다. 내복을 입으면 실제 온도를 2~3도 낮춰도 된다. 실제온도는 낮아지더라도 우리가 느끼는 체감온도가 6~7도 올라가서 훈훈하기 때문에 난방온도를 낮출 수 있는 것이다. 2000년 통계청 자료에 의하면 우리나라는 순위 세계 25위의 나라인데 반하여 에너지 소비량은 세계 11위이다. 또 세계에서 석유를 4번째로 많이 수입하고 6번째로 많이 사용하는 나라이다. 그렇기 때문에 이라크에서 석유전쟁이 일어나면 물가가 폭등하여 경제활동에 치명적인 영향을 미치게 되는 것이다. 석유 한 방울 나지 않는 우리나라에서 국민들이 내복을 챙겨 입기만 해도 많은 돈을 아낄 수 있다고 한다. 만약 겨울철 전국의 가정과 사무실에서 난방온도를 1도씩만 낮춰도 한 해에 4699억 원을 절약할 수 있다. 이 어마어마한 액수는 우리나라 정부가 지난 아이틴에 보낸 구호자금보다 훨씬 많은 금액이다.

엄밀히 말하면 석유자원으로 인해 일어난 이라크 전쟁에서 우리나라는 7238억 원이라는 엄청난 액수를 한국 군사 파병 비용으로 사용했다. 이 돈은 기초생활수급자 3만 6천 명에게 1년 동안 기초생활 보장 급여를 지급할 수 있는 돈이다. 또한 콩고내전의 버팀목인 콜탄이라는 광물이 핵심적인 재료로 사용되는 핸드폰의 우리나라 사용자수는 전체 인구의 약 73%에 해당하는 3750만 명 정도이고 세계 순위로는 21위에 해당된다. 사람들이 내복을 입어 실내온도를 낮추고 난방에 들어가는 자원을 아낀다면 조금이나마 우리가 그 전쟁으로 인해 피해를 받는 사람들의 처지를 생각하고 그 사람들에게 보탬이 되는 일이 될 것이다. 티끌 모아 태산이라는 말이 있듯이 수출, 관광 등에서 소득을 얻으려 하기보다는 이런 작은 실천에서 소비를 줄이는 것이 10년 전 모든 국민이 한마음이 되었던 금모으기 운동과 같은 결과를 낳을 것이다. 한때 촌티의 대명사였지만 에너지를 절약하고 지구온난화도 막아주는 내복이야말로 세상에서 가장 멋진 옷이 아닐까? 내 안의 복(福), 내복을 입자!

우리는 하나
: 지구촌 문제에 관심 갖기 :

 조사한 내용을 활용해 써 보아요.

교통과 통신의 발달로 세계 여러 나라가 한 가족이 되었어요. 이제 한 국가의 문제는 그 나라만의 문제가 아니라 다른 나라에까지 영향을 미치고 있어요. 그러므로 다른 나라 문제에 관심을 갖고 그 문제를 해결하기 위해 노력해야 해요. 문제에 대한 원인을 분석하는 것이 문제를 해결하는 좋은 열쇠가 되어 줄 거예요.

책 제목 : 왜 세계의 절반은 굶주리는가?	지은이/출판사 : 장지글러/갈라파고스
읽은 날짜 : 2011년 2월 13일	재미 : ★★★★☆

최근 소말리아 해적으로 인한 우리나라의 피해가 증가하고 있다. 이로 인해 소말리아 해적을 비난하는 목소리가 커지는 가운데 왜 소말리아가 해적질을 하게 되었는지 궁금해졌다. 소말리아는 자원은 많지만 자원을 개발할 기술이 없고, 개간할 땅이 부족하여 바다에서 어획을 하며 살았다고 한다. 오직 바다에 의존해 사는 소말리아에 유럽 국가들은 산업폐기물 처리 비용을 아끼기 위해 해상 통제권을 상실한 소말리아 영해에 오염물질을 마구 버렸고, 이로 인해 소말리아 인근 바다의 어획량은 급격하게 감소하게 되었다. 자신의 생계 수단이 위협받게 된 소말리아 어민들은 살기 위해, 그리고 자국의 영해를 지키기 위해 서방의 화물선을 감시하려고 무장을 시작했다. 처음에는 실제로 산업폐기물 폐기를 감시하거나, 선박들에게 통행료를 받는 정도였으나, 점차 선박을 잡아서 인질 석방 협상을 통해 보상을 받는 방법으로 해적이 되었다. 이것이 소말리아 해적의 기원이고, 이러한 배경으로 소말리아 해적들은 자신들의 정당성을 주장하고 있다고 한다. 사실 소말리아 해적들이 본의 아니게 해적질을 하게 된 것은 맞는 말이다.

하지만 해적질을 한 것은 명백히 잘못한 일이고 이를 방치한 소말리아의 정부와 유럽 국가들에게도 책임이 있다.

그러나 소말리아가 해적 문제로 인해 국제여론의 질타를 받고 있는 동안 잊혀져가고 있는 것이 있다. 바로 소말리아의 기아문제이다. 소말리아는 군벌 우두머리들의 갈등, 내전, 가뭄, 그리고 세계기구의 인도적 지원 거부 등으로 많은 아이들이 굶주림에 죽어가고 있다. 하지만 이러한 문제는 소말리아뿐만이 아니다. 아프리카 사하라 이남, 동남아시아, 라틴아메리카 등 여러 나라의 아이들이 만성적인 영양실조에 허덕이고 있다. 사람들은 NGO 등의 여러 협력기구가 좀 더 지원을 늘리면 되지 않느냐고 생각할 수 있겠지만 그들도 현재 자금이 부족하고, 또 고질적인 기아문제는 일시적인 지원으로 해결되는 것이 아니라 근본적인 문제가 해결되어야 하기 때문에 이러한 문제들을 고쳐나가는 것이 더 시급하다.

아프리카 기아문제의 근본적인 문제 중 하나가 바로 내전이다. 아프리카에서는 내전이 끊이질 않고 있다. 그 이유 중의 하나가 부족 간의 갈등이다. 이러한 갈등이 생기게 된 이유는 바로 제국주의 시대에 여러 열강들이 땅따먹기를 하느라 두부 자르듯이 반듯하게 국경선을 그었고, 1960년 아프리카의 많은 나라들이 독립하게 될 때 제국주의 때의 국경선이 그대로 적용되었기 때문에 그곳에 사는 여러 부족들로 구성된 나라의 내부 갈등이 끊이질 않는 것이다.

또한 군벌 우두머리의 대립도 문제이다. 그들이 싸움만 하고 독재정권을 잡으면서 사실상 많은 나라들이 무정부 상태가 되었다. 상황이 이러다 보니 공무원들은 나태해지고 자기 잇속 챙기기에만 바빠졌다. 어떤 나라에서는 군부와 비밀경찰이 원조식품의 3분의 1가량을 가로채기도 한다. 그러나 더 어처구니없는 것은 이러한 일의 장본인인 서구열강들이 다시 아프리카를 힘들게 한다는 것이다. 세계시장에는 곡식이 비축되어 있는데, 이 농산물이 주로 거래되는 시카고 곡물거래소에서는 종종 곡물가격을 인위적으로 부풀려 식량을 마음대로 확보하지 못하게 하고 있고, 미국에서는 이집트 정권에게 자국의 잉여농산물을 비싸게 팔아넘기고 있다.

이와 더불어 다국적기업의 행패도 큰 문제다. 1970년 칠레의 대통령이 된 살바도르 아옌데가 내건 공약은 15세 이하의 모든 어린이들에게 하루 0.5리터의 분유를 무상으로 배급하겠다는 것이었다. 하지만 당시 칠레의 분유시장을 독점하고 있던 다국적기업 네슬레는 아옌데가 제값을 주고 분유를 사서 배급하려 했음에도 불구하고 자신들이 누려온 많은 특권들이 침해받을까 봐 칠레정부와 협력하기를 전면으로 거부했고, 미국의 CIA는 피노체트 장군의 군부쿠데타를 도와 아옌데 대통령을 살해하게 했다. 이러한 열강들의 행동들이 아무리 많은 세계협력단체들이 아프리카를 후원하고 있어도 기아문제가 쉽게 해결되지 않는 근본적인 원인이다.

또 다른 이유는 아프리카를 돕는 방식의 문제이다. 영양제 및 식품이 공급되고 있지만 전문인력과 보건시설이 턱없이 부족한 것이 현실이다. 하지만 인도적인 구호보다 더 중요한 것은 개혁이다. 지원이 언제까지 지속될지는 아무도 모른다. 하지만 교육이나 기술은 한 번 배우면 멈춰지지도 않고 잊혀지지도 않는다. 아프리카 사람들이 자기 손으로 일을 하며 상황이 조금씩 조금씩 더 나아지는 것을 본다면 희망을 가지고 일어설 수 있다. 또한 그들이 하는 일에 자부심을 가지고 더 열심히 일을 해서 나라를 올바른 길로 일으켜 세울 수도 있을 것이다. 하지만 세계의 선진국들을 비롯한 나라들은 아프리카에 지원을 하면서도 결코 아프리카가 일어서기를 원하지 않는다. 아프리카가 훗날 강한 대륙이 되어 자신들과 경쟁하기를 바라지 않는 것이다. 그래서 예를 들어 과거 프랑스령이었던 여러 나라에서 정부의 개혁의 낌새가 보이면 바로 군대에 의해 차단되는 것이 바로 배후에서 프랑스의 입김이 작용하였기 때문이라고 한다. 또한 국제사회에서 아프리카의 프랑스 지지가 많은 것도 이러한 것과 같은 맥락이라고 한다.

긴급구호활동을 하는데 전문적 인력이 부족하다는 것도 문제다. 영양불량이 심각한 상태에 있는 아이들은 굶주림에 시달린 탓에 신진대사가 극도로 악화되어서 이들에게 무턱대고 먹을 것을 주면 오히려 생명을 앗아버리는 일이 되지만 많은 사람들이 그저 구호식품을 뿌리는 것으로 해결된다고 생각하기 때문이다. 따라서 소화기관이 너무 약해져 있는 경우 전문 의료진의 정확한 진단과 신중한 처방에 따라 서서히 회복시켜야 한다.

사람의 생명은 이 세상 어느 것보다 소중하고 가치 있다. 지구의 한쪽편에서는 사람들이 50만 톤에 이르는 옥수수를 먹이며 키운 소를 소비하고, 반대편에서는 지배층이 먹다 남은 쓰레기를 뒤적거리며 허기를 달래는 것은 참 불공평한 일이다. 같은 사람으로 태어나서 왜 어떤 사람은 사람답게 살아가고 어떤 사람은 동물보다 못한 취급을 받는 것일까? 지금 내가 할 수 있는 일은 지구환경을 위해 물을 좀더 아껴쓰고 전기를 절약하는 일 밖에 없어 보이지만 많은 사람들이 내 글을 보고 힘을 모아 보탬이 되었으면 좋겠다.

중학선배의 독서 포트폴리오 실제 예시

대청중학교 조세영 | 봉은중학교 남승범 | 봉은중학교 이수지

부록1

책 제목	사자와 마녀와 옷장 C.S.루이스 지음/ 시공 주니어

상상 감상문 〈내가 나니아의 왕이 된다면〉

　안녕하십니까? 저는 이번 나니아 나라의 왕을 뽑는 선거에 출마한 산타클로스입니다. 현재 우리 나니아 나라는 '하얀 마녀'라는 인간도 아니고 거인도 아닌 독재자에 의해 통치되고 있습니다. 여러분, 억울하지 않으신가요? 화가 나지 않으신가요? 우리 신성한 나니아가 마녀에 의해 억압되고 있다니, 저는 당연히 하얀 마녀를 몰아내야 한다고 생각합니다. 지금 현재로서는 하얀 마녀가 우리 나니아에 미치는 영향을 잘 모르실 것입니다. 하지만, 겨울이 계속되면 새로운 생명이 탄생할 수 없기 때문에 결국 나니아는 멸망하게 될 것입니다. 이번 나니아 왕 선거를 통해 부정한 방법으로 나니아를 통치하던 하얀 마녀를 몰아내고 나니아를 모두가 살기 좋아하는 나라로 만들겠습니다. 만약 제가 나니아의 왕이 된다면, 저는 저의 임무인 나니아 주민들에게 선물 나누어 주기를 더 성실히 수행하겠습니다. 저는 크리스마스를 기념하는 임무를 맡고 있기 때문에 크리스마스 때 여러분을 기쁘게 해 드려야 하는 의무가 있습니다. 제가 왕이 된다면 제 임무를 성실히 수행하여 나니아 사람들에게 기쁨을 전달할 것입니다. 두 번째로는, 거인이든 요정이든 정령이든 모두가 다 잘 살 수 있는 나라를 만들겠습니다. 나니아 나라에 이주와 관련된 새로운 법을 제정하여 나니아에 살고 있던 주민들만 행복하게 사는 것이 아니라 이민을 오는 다른 사람들도 모두 다 행복하게 살 수 있는 나라를 만들겠습니다. 마지막으로는 기프트 월드를 만들어 모든 나니아 주민들이 함께 즐기고, 원하는 선물을 그 어떤 것이든 받을 수 있는 장소를 여러분께 제공하겠습니다. 나니아 주민들이 함께 살 수 있는 아름답고 행복한 나라. 이 산타클로스가 만들어 가겠습니다.

－중학선배 조세영(대청중)

| 책 제목 | 햇빛사냥
J.M.바스콘셀로스 지음/ 동녘 |  |

의견과 근거 만들어 보기

〈간접 체벌을 허용해야 하는가?〉

● 찬성측

1. 교권이 침해될 가능성이 높다. 학생은 체벌을 하는 선생님을 두려워하는데, 그 이유는 체벌이 두려워서이다. 그런 방법으로라도 교권이 회복될 수 있다면 체벌을 허용해야 한다. 만약 간접 체벌조차 허용되지 않으면 학생들은 선생님들을 더 이상 두려워하지 않아 자기 마음대로 행동할 것이다. 이것은 공부를 하고 싶어 하는 아이들의 권리를 침해하는 행동이기 때문에 선생님들은 수업을 방해하는 아이들의 행동을 저지해야 한다. 따라서 약간의 체벌은 원활한 수업을 위해서 어느 정도는 필요하다고 본다.

2. 학생이 잘못을 했으면 벌을 받아야 한다. 만약 학생이 잘못을 했으면, 그 잘못을 다시 반복하지 못하게 막아야 한다. 그러기 위해서는 학생들에게 가르침을 주어야 하는데, 요즘 학생들은 선생님의 말씀도 잘 듣지 않는다. 체벌이 존재했을 때도 학생들은 반항했는데 간접 체벌조차 금지되면 선생님들은 학생들을 통제하지 못할 것이다.

● 반대측

1. 간접 체벌을 교사들이 남용할 수도 있다. 간접 체벌도 체벌의 일종이다. 그러나 선생님들은 간접 체벌은 직접 체벌과 다르기 때문에 많이 주어도 상관이 없다는 생각을 가질 수 있다. 따라서 간접 체벌을 허용하면 사소한 일에도 교사들이 간접 체벌을 사용하게 될 것이다.

2. 체벌을 금지했으면 간접 체벌도 금지해야 한다. 간접 체벌은 교사들이 매를 드는 대신 운동장 몇 바퀴 뛰기, 몇 분 동안 손들고 서 있기 등의 벌을 학생들에게 주는 것이다. 그러나 직접적으로 신체에 고통을 주든, 기합과 벌세우기로 대신해 간접적인 체벌을 하든 간에 체벌 허용 방침은 폭력을 허용해 주는 것과 같다.

– 중학선배 조세영(대청중)

책 제목	기적은 당신 안에 있습니다. 이승복 지음/ 황금나침반	
작가와의 가상 인터뷰	〈이승복과의 가상 인터뷰〉	

Q1 : 아저씨, 안녕하세요? 아저씨가 쓰신 책 잘 읽었습니다. 아저씨는 왜 이 책을 쓰게 됐나요?

A : 장애를 가지고 있는 사람에게는 '장애를 극복할 수 있다'는 사실을 알려주고 싶었고, 장애를 가지지 않은 많은 사람들에게도 희망과 용기를 주고 싶었습니다. 특히 자신의 직업, 꿈을 선택하면 끝까지 최선을 다해서 노력하라는 얘기를 전하고 싶었습니다.

Q2 : 저희는 신학기가 되어 선생님이나 친구들이 바뀌어도 적응하는 것이 힘들거든요. 그런데 여덟 살에 미국으로 이민 가셨을 때 첫 느낌이 어떠셨나요?

A : 영어도 배우지 않은 상황에서 미국에 갔기 때문에 굉장히 적응하기 힘들었습니다. 집 밖으로만 나가면 모두 영어를 사용해서 세상에 홀로 남겨진 듯한 소외감도 많이 들었습니다. 특히 학교에 처음 갔을 때 저를 쳐다보는 아이들의 시선이 정말 차가웠습니다. 그래서 적응하기가 너무 힘들었어요. 하지만 어떻게든 여기서 살아가야겠다는 생각에 친구들과 어울리려고 많이 노력했습니다.

Q3 : 부모님이 바쁘셔서 늘 동생들을 보살폈다고 하셨는데요. 부모님을 원망하셨을 것도 같은데요, 어떠셨어요?

A : 사실 처음에는 부모님이 원망스러웠어요. 저도 제 할 일 하기 바쁜데 말이죠. 하지만 부모님께서 저와 동생들을 남부럽지 않게 키워주시려고 그렇게 열심히 일하셨다는 것을 알아가면서, 우리 삼남매만큼은 부모님께 짐이 되면 안 되겠다는 생각에 동생들을 보살피는 것이 힘든 줄도 모른 채 열심히 보살폈습니다.

Q4 : 영어를 배우기가 어렵지 않았나요?

A : 언제나 처음 배우는 것은 어렵죠. 저도 처음에는 한국인임에도 불구하고 영어를 사용해야 한다는 것이 낯설고 어색했어요. 하지만 매일 주변에서 영어를 쉽게 접하다 보니 영어가 익숙해졌고, 나중에는 영어에 불편함이 조금도 없었습니다.

Q5 : 돈이 없어서 몰래 기계체조 수업을 들으셨을 때 어떤 심정이셨나요?

A : 처음에는 돈이 없는 제 처지가 원망스러웠습니다. 그리고 저의 진정한 꿈을 인정해 주시지 않는 부모님께도 원망스러운 마음이 들었어요. 하지만 제가 원하는 것을 할 수 있다는 생각에 기뻤고 나중에 직접 수업을 들었을 때는 말로 표현할 수 없을 만큼 기쁘고 신났습니다.

Q6 : 연습을 하다가 바닥으로 떨어졌을 때 어떤 생각이 드셨나요?

A : '아, 나는 이제 죽었구나.' 라는 생각밖에 들지 않았습니다. 그러나 시간이 조금 지나고 나서는 위험한 동작을 시도한 제 자신이 너무나도 한심하게 느껴지고 후회스러웠습니다. 더 이상 제가 좋아하는 기계체조를 할 수 없다는 사실에 화가 났고, 부모님께도 죄송한 마음이 들었습니다.

- 중학선배 조세영(대청중)

책 제목	히말라야 도서관 존 우드 지음/ 세종서적	

작가와의 가상 인터뷰

〈작가 존 우드와 가상 인터뷰〉

Q1 : 왜 네팔에 선뜻 책을 기부하실 생각을 하셨나요?
A : 저도 처음에는 잘 될지에 대한 의문을 가졌어요. 하지만 최악의 선택은 아무 것도 하지 않는 것이라는 생각이 들어 프로젝트를 바로 실행에 옮겼지요.

Q2 : 처음에 기증하겠다는 책들이 많았을 때 기분이 어떠셨나요?
A : 생각보다 많은 사람들이 제 프로젝트에 참여해 주신다는 것을 느끼고 뿌듯했습니다.

Q3 : 왜 마이크로소프트에서의 삶에 만족하지 못하셨나요?
A : 비록 마이크로소프트에서 저에게 안정된 직장과 삶을 제공해 주었지만, 제 생활을 행복하게 해주지는 못했기 때문입니다.

Q4 : 여자 친구인 소피와 의견 마찰이 있었을 때 기분이 어떠셨나요?
A : 여자 친구와 오랜만에 만났는데 화부터 내서 미안하기도 했지만 오로지 돈과 안정된 직장만을 추구하는 소피에게 섭섭함도 느꼈어요.

Q5 : 마이크로소프트에 사직서를 내실 때 조금도 후회하지 않으셨나요?
A : 처음에는 저의 평범한 생활을 바꾸어야 한다고 생각하니 두려움도 있었지만 새로운 꿈과 목표를 가지고 있었기에 후회하지 않았습니다.

Q6 : 후에 여러 국가로 퍼져나간 '룸 투 리드'를 보시면서 어떤 생각이 드셨나요?
A : 처음에 힘들었던 시간과 추억이 새록새록 떠올랐어요. 하지만 그러한 역경을 견디고 여기까지 온 사실이 매우 뿌듯하고 자랑스러웠습니다.

Q7 : 이 책을 읽은 독자들을 위해 한마디 해 주세요.
A : 최악의 선택은 아무런 선택도 하지 않는 것입니다. 꿈과 열정으로 가득찬 즐겁고 행복한 삶을 사시기 바랍니다.

책 제목	10대를 위한 재미있는 경제 동화 톰 브라운 지음/ 명진출판 
새로 알게 된 사실 정리하기	〈경제 동화 중 신데렐라, 전문가의 꿈〉 이 이야기는 신데렐라가 힘든 환경에도 불구하고 열심히 노력하여 컴퓨터 전문가가 되었다는 내용이다. 신데렐라는 계모가 운영하는 굴뚝 청소 전문 회사의 말단 직원이었다. 하지만 굴뚝 청소가 망해가면서 계모는 컴퓨터 프로그래밍으로 업종을 전환했으나, 신데렐라에게는 굴뚝 청소를 고수하라고 지시했다. 하지만 집안일을 하는 틈틈이 신데렐라는 컴퓨터 프로그래밍을 공부해 대회에 출품하여 왕자에게 인정을 받아 훌륭한 전문가로 스카우트되었다. 이 경제 동화에서는 산업, 선택과 기회 비용, 디지털 시대의 전문가, 지적 재산권과 특허 제도에 대해서 알기 쉽게 설명했다. 산업에는 항상 주기가 있는데 젊은 산업이 있는가 하면 더 이상 쓸모가 없어진 사양 산업도 있다. 예를 들어 젊은 산업은 IT와 관련된 첨단 산업이지만 사양 산업은 굴뚝 청소, 전화 교환 산업 등이 있다. 기회 비용은 어떤 하나를 선택하기 위해 포기한 선택에서 얻을 수 있는 이득을 말한다. 이 동화에서 신데렐라는 굴뚝 청소와 컴퓨터 프로그래밍 경연 대회 중 어떤 것을 선택할지에 대한 고민을 했다. 결국 신데렐라는 프로그래밍 대회를 선택했기 때문에 포기한 기회 비용은 굴뚝 청소, 즉 자신의 현재 직업이다. 그리고 디지털 시대의 전문가는 단순 작업보다 전문적 지식에 더 뛰어나야 한다. 마지막으로, 지적 재산권은 사람들의 지적인 창조물에 대해 권리를 인정해 주는 것이다. 특허 제도는 신기술에 대한 재산권을 인정해 주는 제도이다. 이 동화는 어려운 경제 개념을 쉽게 설명하여 경제가 어렵고 딱딱한 것이 아니라 쉽고 재미있는 것이라고 소개한다. – 중학선배 조세영(대청중)

책 제목	꾀주머니 뱃속에 차고 계수나무에 간 달아 놓고 장재화 지음/ 나라말	

| 비판적인
질문하고
스스로
답해 보기 | 〈고전 비판적인 시각으로 읽기〉

● 매일 잔치를 벌이는 방탕한 용왕과 간을 구해올 수 없는 무능한 신하들이 있는 수국 세계는 무엇을 의미할까?
→ 용왕은 먹고 노는 일에만 전념하여 방탕한 생활을 하다가 병에 걸렸다. 그리고 신하들은 용왕의 병을 고칠만한 능력을 가지고 있지 않다. 별주부가 자진해서 토끼를 잡아오겠다고 나서긴 하지만 이 역시 무모한 충성심에서 비롯된 것일 뿐이다. 용왕과 신하들의 모습은 나라를 제대로 다스리지 않고 오로지 술과 잔치에만 빠져있는 조선 시대의 왕과, 자신의 지위를 잃지 않기 위해 왕의 앞에서만 충성을 다하는 모습을 보이는 신하들이 있는 무능하고 병든 나라의 모습을 풍자하고 있다고 생각한다.

● 토끼를 수궁에 가게 만든 궁극적인 이유는 자라의 유혹 때문이 아닌, 토끼의 육지에서의 힘든 삶 때문이 아닐까?
→ 자라의 말을 듣고 보니, 육지는 토끼를 노리는 적들이 즐비한 위험한 곳이었다. 벼슬자리에서 풍류를 즐길 수 있다는 말도 구미가 당기지만 토끼가 별주부를 따라 나선 결정적인 이유는 육지가 자신의 목숨을 지키기에는 너무 위험한 곳이라는 깨달음을 얻었기 때문이라고 생각한다.

● 자신의 목숨을 지키기 위해 약자의 목숨을 빼앗아도 되는 것일까?
→ 용왕은 물속에 사는 신하들에게 육지의 토끼를 잡아오라는 불가능한 임무를 맡겨 자라를 위험에 빠지게 했고, 아무런 힘이 없는 토끼에게는 간을 빼앗으려고 한다. 자신의 목숨을 지키기 위해 다른 이들의 목숨을 위협하는 용왕의 행동은 권력을 가진 왕이나 탐관오리가 자신의 이익을 더 많이 챙기기 위해 약자에게 부리는 횡포라고 생각한다. |

- **끊임없이 닥치는 위험 속에서도 이를 극복하는 토끼의 지혜는 무엇을 말하고자 하는 것일까?**

  → 토끼는 힘없는 동물의 상징일 정도로 사방의 적들에게 끊임없이 목숨의 위협을 받는다. 하지만 토끼는 이런 위험 속에서도 지혜를 발휘하여 슬기롭게 극복한다. 〈토끼전〉이 인기를 끌었던 조선 후기의 백성들은 위기를 지혜로 헤쳐 나가는 토끼를 보면서 자신들도 힘겨운 삶을 지혜로 극복하겠다는 생각을 했을 것이다.

- **〈토끼전〉은 왜 책마다 내용이 조금씩 다를까?**

  → 그 이유는 오랜 시간동안 다양한 사람들을 통해 전해 내려오면서 내용이 조금씩 바뀌고 제목도 여러 가지로 붙여졌기 때문이다. 즉, 전하는 사람의 가치관과 그때의 시대 상황이 내용에 포함되어 있다. 예를 들어, 용왕이 병이 든 이유는 다양하다. 〈토끼전〉은 용왕이 술과 여자를 즐기다가 병이 든 것으로 적혀 있고, 〈토생전〉은 용왕이 우연히 병을 얻은 것으로, 〈망월전〉에는 용왕이 비와 바람을 다스리며 신통한 능력을 사용하다가 병이 든 것으로 쓰여 있다. 용왕을 한 나라의 임금이라고 생각한다면 글을 쓴 사람이 그 당시 임금을 어떻게 여겼는지 추측할 수 있다.

  – 중학선배 조세영(대청중)

책 제목	변신 프란츠 카프카 지음/ 보성출판사	

소설을 바탕으로 새 이야기 상상하기

〈변신을 읽고 상상글 쓰기〉

6월 12일 금요일에는 아침 6시에 눈을 떴다. 그날은 나의 생일이었다. 나는 내가 덮고 있던 이불을 치우고 생일 선물을 보러 갔다. 나는 귀찮아서 기어갔다. 아니, 설 힘과 의지가 없어서였을 것이다.

친척들에게 받은 선물 중 가장 좋은 선물은 검고 두꺼운 망토였다. 나는 그 망토를 이불에 넣어 좀 더 편하고 따뜻하게 자기로 했다. 그때의 나는 매우 가난하였기 때문이다.

조금 있다가 나는 일을 하러 나가야 했다. 나는 가방을 들고 회사로 향했다. 하지만 힘이 영 없어 회사까지 기어갔다. 회사에서 나는 일어설 기운도 없어 엘리베이터 버튼을 누르지 못했다. 마침 직장 동료가 와서 나는 그에게 엘리베이터 버튼을 눌러달라고 했다. 그랬더니 그는 갑자기 소리를 지르며 주변 경비들을 불러왔다. 그들은 내가 하고 있는 말을 이해하지 못했다. 아니, 그들은 나의 말을 듣고 싶지 않았을 것이다. 기어 다니는 직원이 어때서? 나는 그들에게 따지기 시작했다. 그들은 답하는 대신 거울을 가져왔다. 그때서야 나는 나 자신을 보았다.

나는 벌레가 되어 있었다.

옆에 다른 직원들이 지나갔다. 그들은 고음의 비명을 질렀다. 아마도 내가 보통 벌레보다도 훨씬 컸기 때문이었을 것이다. 그들 중 한 명은 경비들을 뚫고 나에게 묵직한 서류 가방을 던졌다.

그 다음은 기억나지 않는다.

- 중학선배 남승범(봉은중)

책 제목	기분 도둑
	크리스티안 퓌트예르, 우베 슈니르다 지음/ 좋은 생각

패러디 소설 쓰기	〈생각 도둑〉

어떤 원숭이가 살고 있었다. 그의 털은 알록달록했으며 부드러웠다. 그리고 그는 건강해서 움직이고 싶은 대로 움직일 수 있었다. 하지만 그는 갇혀 있었다. 원숭이는 주위가 매우 어두워 모든 방향으로 한계가 없어 보여도 이것이 자유로운 공간이 아니라는 답답함을 느꼈다. 그 원숭이는 다른 원숭이들의 집단에 속하지 않았다. 그러나 그는 먹을 것이 부족하지 않았고 소속의 욕구도 느끼지 못했다.

어느 날 그 원숭이는 생각했다.

'이곳에서 탈출해야겠어. 주변은 너무 어둡고 지루하기만 해.'

그래서 그는 그 공간에서 탈출할 궁리를 하기 시작했다. 하지만 원숭이는 교육을 받은 적이 없어 무식한지라 성공 가능성이 없는 탈출을 시도하는데 시간을 허비했다. 하지만 그는 실패로부터 조금씩 배우고 또 그의 동물적 감각으로 소리를 듣거나 냄새를 맡으며 자신이 사는 곳을 파악했다.

원숭이가 사는 곳은 먹을 것이 널렸다. 어떤 것들은 갑자기 사라지기도 하고 갑자기 생기기도 하였지만 어떤 것은 변치 않고 있어 원숭이의 먹잇감이 되었다. 그는 그 빠르게 없어지는 것들은 어떤 맛이 나나 궁금해 하며 처음으로 그것들을 먹기 시작했다. 대부분은 아무 맛도 나지 않았으나 몇몇은 처음 맛보는 맛이나 처음 맡는 향이 났다. 그는 처음으로 제대로 된 음식을 먹는다는 생각을 했다. 그리고 원숭이는 아무 맛도 나지 않는 음식으로부터 음식을 먹는 것보다 색다른 경험을 하게 되었다. 하루는 그러한 먹이를 먹으니 갑자기 주위가 환해졌다. 세세하게 배경을 구분할 수는 없었지만 무엇인가가 나의 근처에 있는지 멀리 있는지는 구분이 가능했다. 그리고 음식을 먹으면서 물체들이 구분이 가기 시작했고 그 구분을 가능하게 하는 특징 '색깔'이 자신의 몸에도 있다는 것을 발견하였다. 원숭이는 탈출 계획도 잊은 채 자신의 새로운 감각과 능력을 재미

있어하며 시간을 보냈다. 그리고 더 맛있는, 더 색깔이 풍부한, 더 높은 감각의 정도를 가진 음식을 찾아내어 먹기 시작했다. 그의 욕심은 넓어지기만 하였다.
특별한 음식으로 배를 채운 원숭이는 예민해질 대로 예민해져 있었다. 모든 움직임, 색, 소리, 냄새, 맛에 대한 감각을 그는 느낄 수 있었다. 그는 새로운 것을 찾아 이동했다.
원숭이는 어느 날 너무 빨라 먹을 수 없었던 먹잇감을 잡는데 성공했다. 그것은 다시 없어지기 위해 존재하는 것 같았다. 원숭이는 자신의 감각으로는 그것에 대해 아무것도 알 수 없음을 발견했다. 그리고는 그것을 먹어버렸다. 무언가 짜릿한 것이 원숭이의 머리를 스치고 지나갔다. 하지만 그의 먹이처럼 그것은 벌써 무엇인지 알 수 없었다.
원숭이는 그것들을 더 먹기 시작했다.
그 무렵, 승범이라는 인간은 알 수 없는 병에 시달리기 시작했다. 그는 의사에게 말했다.
"처음에는 감각이 무뎌졌어요. 보이는 것도 침침하고 냄새도 구분이 안 가고. 그런데 갈수록 나빠지더라고요. 그러더니 어느 순간부터는 기억력이 엄청나게 떨어진 것 같아요. 옛날 일은 잊어버리지 않고 생각만 잘 나는데, 무슨 문제라도 풀려고 하면 그 문제에 대한 생각이 하나도 안 나는 거예요. 무슨 생각을 먹고 사는 도둑이 있는 것 같아요."

- 중학선배 남승범(봉은중)

책 제목	소음공해
	오정희 지음/ 랜덤하우스

경험 쓰기 〈후회스러웠던 순간〉

소음공해에 나오는 '나'는 위층 여자에게 무관심했던 자신을 부끄러워하고 그 동안의 자신의 행동을 후회한다. 나도 이 소설에 나오는 '나'처럼 무척 후회했던 순간이 있다.

내가 초등학교 6학년 때의 일이다. 학교에서 '영어 뮤지컬' 대상자를 뽑는다고 하였다. 그래서 난 영어도 좋고 뮤지컬을 하면서 다양한 분야를 접해볼 수 있는 기회라 여기어 뮤지컬을 하기로 결심하였다. 그래서 나는 뮤지컬을 뽑는 반으로 한걸음 한걸음 걸어갔다. 그런데 맙소사! 거기에 온 아이들은 영어를 거의 밥 먹듯 하는 것이었다. 나는 순간 '아이들이 너무 영어를 잘하잖아? 아, 어떡하지?'라고 생각을 했다. 그러는 사이에 선생님의 지시에 따라 아이들은 하나 둘 오디션을 보러 갔다. 난 너무 떨려서 얼굴이 밀가루 반죽처럼 창백해졌다. 그리고 이빨을 계속 '딱딱딱' 거렸다. 그 순간 내 차례가 온 것이다! 난 총알같이 달려가서 내 소개를 했는데 너무 긴장이 되어 꿀 먹은 벙어리처럼 입이 열리지 않았다. 그렇지만 난 노래에 희망을 걸고 젖 먹던 힘까지 내서 최대한 크게 불렀다. 그리고 선생님께서 결과는 이틀 뒤에 학교 방송으로 알려준다고 하셨다. 난 귀를 쫑긋쫑긋 세워서 들으려고 했지만 내 이름은 결국 들리지 않았다. 그 순간 난 가슴이 철커덩 내려앉았다. 또 내가 그동안 노력해왔던 순간들이 아까웠다. 뿌연 눈물이 앞을 가렸다. 이번 결과로 작년에 영어를 건성건성 공부한 것과 자신감을 키우지 못한 것이 너무 후회가 되었다. 친구들의 위로도 귓주변에만 맴맴 돌 뿐 전혀 들리지 않았다.

다시 한 번 뮤지컬 오디션을 볼 수 있는 기회가 나에게 찾아온다면 난 그때처럼 떨지 않고 거울을 보면서 연습하고 실감나게 영어를 읽을 수 있게 노력할 것이다. 그리고 오늘처럼 미련이 남지 않게 후회없이 오디션을 볼 것이다.

- 중학선배 이수지(봉은중)

| 책 제목 | 얼굴 빨개지는 아이
장 자끄 상뻬 지음/ 별천지 |  |

나의 경험 쓰기

〈나의 고민 덩어리〉

논술 학원 선생님께서 다음 시간에 '얼굴 빨개지는 아이'를 읽고 수업한다고 하셨을 때 나는 그 말이 너무나도 반가웠다. 왜냐하면 나는 이미 그 책을 읽었기 때문이다.

내가 이 책을 읽고서 인상깊었던 장면은 두 가지이다. 먼저 첫 번째 장면은 까이유라는 얼굴이 빨개지는 아이가 있는데 그 아이는 얼굴이 시도 때도 없이 빨개져서 아이들한테 놀림을 받고 놀이에서도 아이들이 잘 끼워주지 않았다. 그러나 그럼에도 불구하고 까이유가 슬퍼하는 내색을 보이지 않고 꿋꿋하게 혼자서 잘 노는 장면이 인상깊었다. 만약 나라면 정말로 창피하고 부끄러워서 어떻게든 친구를 사귀려고 하거나 부모님께 고민을 털어놓고 친구들하고 어울리려고 했을 것이기 때문이다. 두 번째 인상 깊었던 장면은 까이유와 르네가 서로의 단점을 장점으로 살려서 서로에게 특별한 존재가 되어 우정을 단단하게 다지는 장면이었다. 이것을 보고 나는 이 세상에는 정말로 배려하는 마음을 가진 순수한 어린이들이 많다는 것을 느꼈다.

한 가지 더 이야기하자면 '콤플렉스'에 대해서 이야기를 하고 싶다. 내가 왜 콤플렉스에 대해 이야기를 하고 싶냐면 이 책에서 두 명의 주인공이 가지고 있는 병이 바로 콤플렉스이기 때문이다. 콤플렉스는 사람들이 어떻게 조절하느냐에 따라서 그 사람의 인생에 좋은 영향을 줄 수도 있고 나쁜 영향을 줄 수도 있다. 나의 콤플렉스는 사마귀가 발에 난 것과 공부이다. 먼저 사마귀가 발에 나서 나는 오늘도 피부과에 가서 치료를 받고 왔다. 저번에는 주사를 3방이나 맞았는데 살이 찢어지는 느낌이어서 죽을 뻔 했다. 또 이 사마귀는 한 번에 치료를 하지 못해서 다음 달에 또 병원에 가야 한다. 그리고 공부는 내가 열심히 노력한 것에 비해서 점수가 잘 나오지 않고, 공부를 잘 하지 못했던 친구가 나보다 공부를 더 잘하게 되어서 더욱 더 부담감이 될 뿐 아니라 난 공부를 해도 안 된다는 콤플렉스를 갖게 되었다. 난 이렇게 콤플렉스를 느낄 때마다 플롯을 연주하며 기분 전환을 한다. 플롯을 실컷 연주하면 마음속에 꽉 막혀 있던 것들이 밖으로 다 빠져나가는 기분이 든다. 또 행복했던 일들이나 좋았던 일들을 떠올리고 그것을 종이에 적어서 나쁜 기억들을 없애려고 노력한다. 이처럼 콤플렉스는 빨리빨리 해소하는 것이 좋은 것 같다.

아까 썼던 것처럼 이 책은 여러 가지 주제를 독자에게 전달해 주고 싶었던 것 같다. 나는 자신의 콤플렉스를 장점으로 인정해 줄 수 있는 진정한 친구를 만나고 싶다.

― 중학선배 이수지(봉은중)

교과관련 추천 도서 목록

부록 2

교과관련 추천 도서 목록

* 관련교과 : 국어

번호	책 제목	작가	출판사
1	아홉살 인생	위기철	청년사
2	빌 헬름 텔	프리드리히 실러	마루벌
3	그 여자네 집	박완서	문학동네
4	노래 주머니	방정환	우리교육
5	상록수	심훈	문학과 지성사
6	서편제	이청준	열림원
7	반올림	박선자, 권기경 외 1명	밝은 미래
8	각설탕	이미애	예림당
9	나무를 심은 사람	장 지오노	민음사
10	내 마음의 풍금	이영재	커뮤니케이션북스
11	동승	박혜수	샘터사
12	이강백 희곡전집 6권	이강백	평민사
13	옛날 옛적에 훠어이 훠이	최인훈	문학과 지성사
14	홍길동전	허균	민음사
15	자전거 도둑	박완서	다림
16	소나기	황순원	길벗 어린이
17	수난 이대	하근찬	아이세움
18	봄봄 동백꽃	김유정	푸른책들

번호	책 제목	작가	출판사
19	나비를 잡는 아버지	현덕	창비
20	학	황순원	문이당
21	몽실 언니	권정생	창비
22	명혜	김소연	창비
23	그 많던 싱아는 누가 다 먹었을까	박완서	웅진지식하우스
24	압록강은 흐른다	이미륵	다림
25	나비	헤르만 헤세	범우사
26	봄바람	박상률	사계절
27	옥상의 민들레꽃	박완서	이가서
28	육촌형	이현주	보림
29	춘향전	정지아	창비
30	마지막 잎새	오 헨리	지경사
31	기억 속의 들꽃	윤흥길	다림
32	너도 하늘 말라리야	이금이	네버엔딩스토리
33	모범 경작생	박영준	소담출판사
34	중학생을 위한 옛글 교과서	남미영	교학사
35	선생님의 밥그릇	이청준	다림
36	알퐁스 도데 단편선	알퐁스 도데	넥서스
37	번쩍하는 황홀한 순간	성석제	문학동네
38	오마니별	김원일	강
39	이상한 선생님	채만식	사계절

번호	책 제목	작가	출판사
40	이야기 서리꾼	이청준	파랑새
41	제주의 빛 김만덕	김인숙	푸른숲
42	책도령은 왜 지옥에 갔을까	김율희	예림당
43	청소년 토지 세트	박경리	이룸
44	항아리	정호승	열림원
45	해리포터와 마법사의 돌	조앤 K.롤링	문학수첩
46	소설 동의보감	이은성	창작과 비평사
47	칼의 노래	김훈	생각의 나무
48	꺼삐딴 리	전광용	을유문화사
49	꽃들에게 희망을	트리나 폴러스	시공주니어
50	직독직해로 읽는 어린왕자	생텍쥐페리	랭귀지북스
51	갈매기의 꿈	리처드 바크	현문미디어
52	강아지 똥	권정생	길벗 어린이
53	경희	나혜석	범우사
54	고구마	현덕	여우오줌
55	운수 좋은 날	현진건	문학과 지성사
56	구아의 눈	이금이	푸른책들
57	금수회의록	안국선	산하
58	꿩	이오덕	효리원
59	나무	베르나르 베르베르	열린책들
60	나비	안도현	리즈앤북

번호	책 제목	작가	출판사
61	난장이가 쏘아 올린 작은 공	조세희	이성과힘
62	아우를 위하여	황석영	다림
63	김동인 단편 전집 1	김동인	가람기획
64	독 짓는 늙은이	황순원	문학과 지성사
65	말하는 나무	오스카 와일드	문학동네
66	메밀꽃 필 무렵	이효석	문학과 지성사
67	메아리	이주홍	길벗 어린이
68	박씨전/인현왕후전	편집부	청솔출판사
69	소년병과 들국화	남미영	세상모든책
70	아낌없이 주는 나무	쉘 실버스타인	시공주니어
71	아름다운 고향	이주홍	창비
72	연어	안도현	문학동네
73	요람기	오영수	다림
74	일곱 마리 눈 먼 생쥐	최순희	시공주니어
75	천변풍경	박태원	문학과 지성사
76	레디메이드 인생 치숙 논 이야기 외	채만식	하서
77	허생전 양반전	초록글연구회	청솔출판사
78	혼불	최명희	매안
79	흐르는 북	최일남	푸른사상
80	간디 자서전	김선희	파란자전거
81	내 인생의 글쓰기	김용택	나남

번호	책 제목	작가	출판사
82	하늘 호수로 떠난 여행	류시화	열림원
83	고릴라는 핸드폰을 미워해	박경화	북센스
84	성공하는 사람들의 아름다운 습관…나눔	박원순	중앙M&B
85	8000미터의 희망과 고독	엄홍길	이레
86	오체 불만족	오토다케 히로타다	창해
87	지도 밖으로 행군하라	한비야	푸른숲
88	곶감과 수필	윤오영	태학사
89	안네의 일기	안네 프랑크	삼성출판사
90	난중일기	이순신	민음사
91	엄마야 누나야	김소월	겨레아동문학연구회
92	입 속의 검은 잎	기형도	문학과 지성사
93	중학생이 보는 모란이 피기까지는	김영랑	신원문화사
94	중학생이 알아야 할 고전	구인환	신원문화사
95	한국의 명시 베스트 20	윤동주	국민출판
96	하늘과 바람과 별과 시	윤동주	보물창고
97	중학생이 보는 청포도	이육사	신원문화사
98	낡은 집	이용악	미래사
99	정지용 전집	정지용	민음사
100	피천득 시집	피천득	범우사
101	마당을 나온 암탉	황선미	사계절
102	개를 훔치는 완벽한 방법	바바라 오코너	다산책방
103	선생님과 함께 읽는 한용운	한용운	실천문학사

* 관련교과 : 사회

번호	책 제목	작가	출판사
104	몬스터	월터 딘 마이어스	창비
105	평화를 심다	바바 치나츠	알마
106	사회 선생님이 들려주는 경제 이야기	전국사회교사모임	인물과 사상사
107	왜 세계의 절반은 굶주리는가	장 지글러	갈라파고스
108	참여하는 시민 즐거운 정치	이남석	책세상
109	앨버트로스의 똥으로 만든 나라	후루타 야스시	서해문집
110	불편해도 괜찮아	김두식	창비
111	말랑하고 쫀득한 세계지리 이야기	케네스 C.데이비스	푸른숲
112	하룻밤에 읽는 한국사	최용범	페이퍼로드
113	청소년을 위한 경제의 역사	니콜라우스 피퍼	비룡소

* 관련교과 : 과학

번호	책 제목	작가	출판사
114	파랑피	메리 E.피어슨	비룡소
115	하리하라의 과학 블로그	이은희	살림
116	청소년을 위한 시간의 역사	스티븐 호킹	웅진지식하우스
117	클라우지우스가 들려주는 엔트로피 이야기	곽영직	자음과 모음
118	과학 교과서 영화에 딴지 걸다	이재진	푸른숲
119	자연에서 배운 옛 사람들의 과학살이	박은정	대교출판
120	과학 콘서트	정재승	동아시아

번호	책 제목	작가	출판사
121	과학 도시락	김정훈	은행나무
122	녹색 시민 구보씨의 하루	존 라이언	그물코
123	지구가 정말 이상하다	이기영	살림

* 관련교과 : 수학

번호	책 제목	작가	출판사
124	쉽게 읽는 페르마의 마지막 정리	아미르 D.액설	경문사
125	한켈이 들려주는 정수 이야기	박현정	자음과 모음
126	아르키메데스가 들려주는 다면체 이야기	권현직	자음과 모음
127	유클리드가 들려주는 기본도형과 다각형 이야기	김남준	자음과 모음
128	과학 공화국 수학법정	정완상	자음과 모음
129	수학 귀신	한스 마그누스 엔첸스베르거	비룡소
130	중학 수학만점 공부법	조안호	행복한나무
131	수학 세상 가볍게 읽기	데이비드 애치슨	한승
132	수학 비타민	박경미	중앙M&B
133	사람들이 미쳤다고 말한 외로운 수학 천재 이야기	아포스 톨로스 독시아디스	생각의 나무